10 settembre '25

Agl[illegible]
[illegible]
la [illegible] Roma.

Con stima e affetto
Paola M.

PAOLA MASCARO

LE FATICHE DI EVA

Cronache di sopravvivenza in un mondo di parità promessa ma non ancora realizzata

HarperCollins

ISBN 979-12-5985-432-2

Viale Monte Nero 84 - 20135 Milano
www.harpercollins.it
Prima edizione HarperCollins
maggio 2025

FSC
www.fsc.org
MISTO
Carta | A sostegno della
gestione forestale responsabile
FSC® C021883

PAOLA MASCARO

LE FATICHE DI EVA

Cronache di sopravvivenza in un mondo di parità promessa
ma non ancora realizzata

HarperCollins

ISBN 979-12-5985-432-2

Viale Monte Nero 84 - 20135 Milano
www.harpercollins.it
Prima edizione HarperCollins
maggio 2025

MISTO
Carta | A sostegno della
gestione forestale responsabile
FSC® C021883
www.fsc.org

INTRODUZIONE

Siamo quello che facciamo? Sì, se quello che facciamo ci corrisponde davvero, nei nostri valori, nelle nostre convinzioni, nella missione che pensiamo di avere.

Ho dedicato, e continuo a dedicare, molta parte della mia vita adulta alla equità tra donne e uomini. Equità di opportunità, possibilità, carriera, denaro, vita. Sono stata prima consigliera e poi presidente di Valore D, e a tutt'oggi mantengo il mio impegno come presidente emerita.

Ho guidato G20 Empower sotto la presidenza italiana del G20, promosso campagne di informazione, avviato nuovi progetti, stimolato dibattiti e confronti. Ho dato il mio contributo, insieme a Valore D, per portare a compimento la legge sulla certificazione di genere nelle imprese.

Non passa giorno – nel mio lavoro come nella mia vita personale – nel quale io non provi a far germogliare un seme di cambiamento intorno a me. E se ci fossero dubbi sulla necessità di mantenere una focalizzazione in tal senso, i recenti accadimenti negli USA con gli ordini esecutivi dell'amministrazione Trump sulla DEI ci ricordano che i progressi ottenuti, spesso con fatica, vanno curati, nutriti e protetti.

Una lezione preziosa, che ci richiede di costruire ponti più che alzare muri, di creare ambienti ospitali e inclusivi. Di non comprare il gioco della contrapposizione.

Perché un libro? Per fornire una diversa prospettiva, e chissà che questo non contribuisca a cambiare la realtà, anche solo di un po'. Mettere in fila molte delle fatiche di stare al mondo, per comporre il quadro di cui spesso ci viene proposto un aspetto particolare, che ci fa perdere la visione d'insieme.

Il progresso verso una maggiore inclusione viaggia su più livelli: culturale, sociale, educativo, professionale, economico, familiare, etc. E con visioni e idee non necessariamente coincidenti, anche tra noi donne. Ideologia, orientamento politico, appartenenza generazionale, storia personale definiscono diversi percorsi e motivazioni. Rivendicative o propositive. Probabilmente tutte legittime, ma spesso distanti e talvolta divisive. Mentre dovremo – indicativo futuro – riuscire a fare una sintesi che riesca a tenere dentro le differenze.

Ciascuna/o di noi è portata/o a pensare di avere *la visione* corretta, *la soluzione* migliore. Ognuno trovi le proprie ma il dubbio, l'ascolto e le giuste domande possono guidarci nella ricerca di quella sintesi che, unica, può accelerare il cambiamento. È questo il senso di questa scrittura, considerare diverse, molteplici, vecchie o nuove prospettive. Per aprire finestre.

La rappresentazione binaria non mi pare interessante né certamente utile. La sintesi inclusiva alla quale guardare terrà dentro anche le differenze di genere. Perché nel mondo che dovrà essere, tutte le storie, i dati, i fatti qui riportati diventino finalmente superati.

DA GRANDE VOGLIO FARE

FELICI IN UN MARE DI TULLE

Quando il mio amico Fabio è diventato papà di Martina ha avuto il suo incontro ravvicinato con le fiabe della buonanotte per bambine. Ed è partito dai classici... ma non è stato un grande incontro. Fabio le ha definite *fiabe di merda* e mi ha spiegato le sue ragioni.

Per lui Biancaneve è una tipa che entra nella casa di sconosciuti, lava, rassetta, mette tutto a posto e poi si addormenta sfinita, senza pensare ai rischi che corre, tra l'altro. E la Bella Addormentata è una che *un pirla in calzamaglia*, con un bacio, risveglia. Roba da non leggere a una figlia.

L'archetipo della principessa fragile, vulnerabile e che solo un pirla in calzamaglia può salvare ci accompagna praticamente da sempre. Nel tempo lo abbiamo truccato e rivestito di panni moderni ma è sempre lì. E non riguarda solo le bambine e le loro fiabe.

Abito da sposa cercasi è una famosa trasmissione televisiva americana, poi prodotta anche in versione nostrana.

La versione originale si svolge presso Kleinfeld, il negozio di abiti da cerimonia più grande al mondo. Ho seguito qualche puntata per farmi una idea e la parola d'ordine delle clienti è sempre: «voglio un abito da principessa», che può talvolta deviare verso l'abito da sirena per le future spose che ambiscono a un certo timbro sexy per il loro matrimonio.

Lady Diana è stata la principessa del popolo, la cui scomparsa è stata pianta da milioni di persone in tutto il mondo, la *commonard* Kate è la nuova icona delle principesse; tutti vogliono sapere quanto è magra, come si veste, dove va, se è in crisi con William. La sua assenza dalla scena per mesi, la sua malattia, le speculazioni sulla sua salute sono un'altra faccia della stessa medaglia. Può una principessa essere umana, fragile e vulnerabile? I social sono seguitissimi e si vendono copie e copie di tabloid. Ben prima delle bambine, noi adulti alimentiamo questo stereotipo che evolve nelle sue forme ma non nella sostanza. Anche quando con amore e tenerezza diciamo: «Bella di papà, bella di mamma, sembri una principessa!» non facciamo altro che perpetuare il vecchio stereotipo.

Quando ho incontrato Annalisa Falcone, che coi bambini ci lavora, ho voluto approfondire insieme a lei il tema. Annalisa fa la pedagogista e la formatrice, e lavora in varie scuole dell'infanzia con una missione importante: superare gli stereotipi di genere che già in età prescolare si fissano nella mente dei bambini e delle bambine.

Ci siamo conosciute a un convegno, dove entrambe eravamo invitate a parlare di stereotipi. Il suo racconto mi affascinò. Annalisa raccontò che l'anno precedente, alla festa di carnevale di una scuola per l'infanzia a Milano quasi tutte le bambine si erano presentate con l'abito della principessa Elsa. Una principessa affascinante e in gamba, ma la cosa che la preoccupava era l'assoluta omologazione... possibile che fosse l'unica scelta?!

Di per sé la principessa Elsa è tanta roba, sicuramente altra cosa dalle fragili e impotenti principesse della mia infanzia. È dotata di poteri magici sin dalla nascita, può creare e manipolare il ghiaccio e la neve ma – c'è sempre un ma! – deve imparare a controllare le sue paure altrimenti questo dono si trasforma in maledizione e provoca grandi danni. Naturalmente tutto finisce bene, Elsa impara che solo l'amore può sciogliere un cuore di ghiaccio e riesce finalmente a dissolvere la magia dell'inverno perenne facendo tornare l'estate.

«Non è un dettaglio che il fatto sia accaduto in una scuola in centro a Milano, perché di solito pensiamo che una inadeguata educazione di genere sia appannaggio solo dei ceti sociali meno privilegiati... e questo è già un pregiudizio! In realtà il modo in cui noi adulti educhiamo bambine e bambini può essere discriminante a ogni livello sociale e le nostre scelte influenzano il loro sviluppo. Bambini e bambine si comporteranno nel modo che hanno appreso dagli adulti.»

Mi dice Annalisa che gli educatori non danno nessun input ai bambini; se un bambino vuole andare alla scuola dell'infanzia vestito da giraffa, in qualunque giorno dell'anno, può farlo. Ma diciannove piccole principesse Elsa! Perché questa omologazione?

Mi ha spiegato che i bambini di quella età imitano prendendo spunto dalla realtà in cui vivono. Non sono abituati a porsi delle domande, per loro non è rilevante distinguersi nel gruppo, e il concetto dell'unicità non esiste: per diventare unici bisogna sperimentarsi e sentirsi parte di un tutto.

Quelle bambine erano molto contente e orgogliose, immerse in un *mare di tulle* a festeggiare il loro carnevale. La loro omologazione era perfettamente in linea con quello che insegniamo loro: le bambine hanno un unico binario che vedono in famiglia e nella realtà. Diciamo loro «Come sei bella», e anche «Sei bella e sei brava», ossia sei brava perché ascolti mamma e papà o comunque ascolti quello che i grandi ti dicono.

I bambini dai tre ai cinque anni sanno già perfettamente cosa fanno i maschi e cosa fanno le femmine. «Noi proponiamo loro dei modelli alternativi» mi dice Annalisa, «con protagonisti che hanno delle avventure e delle storie di diversità. E proponiamo uno studio attento della realtà; se andiamo al parco, oppure andiamo in giro per il quartiere, portiamo con noi le lenti di ingrandimento per osservare i dettagli, chiediamo ai bambini di descrivere la realtà che vedono e non ci accontentiamo delle prime risposte: vogliamo la loro opinione, vogliamo sapere come stanno, come si sentono, cosa pensano... Li aiutiamo a riflettere.»

I bambini sono aperti a riconsiderare i pregiudizi,

sono molto curiosi per natura ma tanto dipende dal loro ambiente di riferimento. Si aprono all'esplorazione se gliela offriamo, diversamente si accontentano di quello che l'adulto propone loro. Dipende sempre da che adulto hanno al loro fianco; i bambini saranno più aperti in presenza di adulti altrettanto aperti.

Il lavoro con i più piccoli tocca anche il tema dei colori, soprattutto il rosa e l'azzurro cui attribuiamo una connotazione di genere. Ci sembra una distinzione che esiste da sempre ma in realtà risale agli anni Cinquanta del secolo scorso e più precisamente al 20 gennaio 1953, il giorno dell'insediamento di Eisenhower come presidente degli Stati Uniti. La moglie, Mamie Eisenhower, si presentò vestita con un abito di seta rosa tempestato di duemila strass. Fino ad allora non c'era stato nessun legame tra il colore rosa e quel tipo di femminilità tradizionale: è Mrs Eisenhower che lo impone, comportandosi da influencer ante litteram. La tendenza è lanciata: quello stesso anno Marilyn Monroe indossa un abito rosa shocking mentre canta *Diamonds Are a Girl's Best Friend*.

Ma prima di allora? Nell'Ottocento si faceva esattamente il contrario: il rosa spettava ai maschi perché sentito come una versione addolcita del rosso, tinta focosa e virile per antonomasia; mentre il celeste era il colore delle bambine in omaggio al manto della Madonna. Abitudine tanto consolidata che nel 1914 il quotidiano statunitense *The Sunday Sentinel* consiglia alle giovani mamme di vestire i maschi di rosa e le femmine di blu per essere rispettose delle tradizioni.

È chiaro che il lavoro di Annalisa e delle sue colleghe è complesso, le candeline rosa su una torta di compleanno di un maschietto – mi racconta – hanno causato la reazione scandalizzata dei genitori.

«I colori sono proprio la bandiera degli stereotipi: le bambine sono coperte di rosa e i bambini sono ricoperti di azzurro. Ai bambini non è assolutamente concesso il rosa, è ancora considerato come un elemento femminile. C'è ancora poca consapevolezza rispetto al fatto che qualsiasi nostra scelta come adulti ha radici di pensiero, culturali, radici educative e storiche.»

Quindi stereotipi e pregiudizi si ereditano a meno che non intervenga un fattore esterno che aiuta anche più piccoli a riconsiderare alcuni schemi. Qual è il ruolo dei genitori?

«Questo lavoro per alcuni genitori può risultare un po' minacciante all'inizio, alcuni di loro sono disorientati. Ma se un figlio sviluppa una nuova curiosità verso il mondo, diventa più socievole, diventa più acuto nelle osservazioni, tutto ciò è molto più importante anche per i genitori.»

Come è finita la storia delle principesse? Dopo un anno passato a elaborare e sperimentare che il cielo poteva essere blu azzurro rosa giallo arancione e avendo gli occhi più aperti sulla realtà, dopo aver guardato il video di Samantha Cristoforetti che va nello spazio, dopo aver incontrato donne con mestieri meno stereotipati – come le vigilesse del quartiere – insomma dopo aver intrapreso un lavoro di apertura al mondo... le principesse un anno dopo erano diminuite e chi ha comunque confermato la scelta del Carnevale precedente, lo ha fatto con aggiustamenti e contaminazioni. Una bimba per esempio si è presentata con la gonna in tulle e il caschetto da vigile del fuoco, una bellissima contaminazione. Un'altra bambina ha dichiarato di essere vestita come una super principessa, una supereroina, un'altra ha optato per una principessa pittrice-sarta molto colorata.

Chiedo ad Annalisa come è andata con i maschietti: «Abbiamo fornito anche a loro modelli multipli, per esempio hanno conosciuto un make-up artist, e anche un ballerino, hanno esplorato una realtà diversa e certamente più articolata e complessa di quella che gli era stata raccontata sino ad allora.»

COSE DA MASCHIO E COSE DA FEMMINA

Maria Montessori sosteneva che il mondo spesso viene raccontato in modo sbagliato, che è vario e multiplo, il mondo non è fatto di un solo colore; c'è l'arcobaleno, ci sono mille sfumature di verde in un bosco e sfumature in cielo. È importante insegnare ai bambini sin da piccoli che essere simili non significa essere uguali.

In attesa di una riforma scolastica che finalmente affronti il tema degli stereotipi in maniera strutturale e sistemica, sono sorte negli anni alcune iniziative che – pur con il limite della capacità dimensionale – rappresentano esempi eccellenti di quello che si potrebbe e dovrebbe realizzare su larga scala.

Uno di questi è Inspiring Girls, un progetto internazionale promosso in Italia da Valore D.

I bambini già a sei anni classificano le attività professionali degli adulti come da maschio o da femmina e la maggior parte di loro immagina il proprio futuro ispirandosi a dei modelli noti. Modelli stereotipati. Il progetto cerca di cambiare le cose, ossia di liberare le più giovani (ma anche i ragazzi!) da stereotipi di genere che ne limitano le ambizioni. Come la gran parte di questi progetti, Inspiring Girls si fonda sulla volontarietà di donne provenienti da vari settori e professioni che agiscono da *role model*: incontrano ragazzine e ragazzini a scuola, raccontano la propria esperienza professionale e di vita, costruiscono un ponte tra scuola e mondo del lavoro. Ad oggi sono stati coinvolti oltre 60.000 ragazze e ragazzi, in 550 scuole italiane, grazie a una rete di 1.400 *role model*.

I numeri sono importanti per ragionare sull'effettivo impatto e ci confermano che intervenire presto, ragionare insieme ai ragazzi e alle ragazze è fondamentale. L'indagine condotta da Inspiring Girls nel 2022 ha evidenziato che il 30% degli adulti intervistati sostiene che esistono *cose da maschio* e *cose da femmina* ma, rispetto all'indagine dell'anno precedente, le percentuali sono leggermente diminuite. Mentre negli adulti gli stereotipi persistono, i ragazzi e le ragazze tendono a migliorare più velocemente. Nonostante le bambine siano più sottoposte a influenze esterne che le spingono a pensare che esistano *cose da maschio* e *cose da femmina*, solo il 19,5% di loro pensa effettivamente che esistano queste distinzioni, contro il 32,2% dei rispondenti maschi.

I giovani sono quindi aperti e disponibili a considerare nuove prospettive, a ragionare sulle cose. La forza di Inspiring Girls non è sufficiente ad abbracciare tutto il paese, ma è un modello di riferimento interessante. I ragazzi riflettono, fanno domande, riconsiderano i propri stereotipi, scoprono che ci sono altri modelli.

Il lavoro di Annalisa e il progetto Inspiring Girls hanno un tratto comune, oltre a quello di lavorare per eliminare gli stereotipi di genere. Lavorano sulla fiducia, nel senso di insegnare ai giovani e giovanissimi la fiducia, la fiducia in se stessi/e. Un grande studioso canadese, Albert Bandura, definisce lo stato d'animo di chi affronta un compito *autoefficacia percepita*. L'esito di studi sperimentali mostra che un'alta fiducia in se stessi, o se volete un'elevata autoefficacia percepita, genera risultati migliori nella performance. Più ci credi, più credi in te stessa/o, più si innalza la probabilità che svolgerai compiti migliori e che supererai le prove e gli esami che hai di fronte.

Partire dalla fiducia vuol dire ritrovarsela nel proprio mondo, vuol dire costruirsela giorno dopo giorno anche grazie al mondo di relazioni nel quale cresciamo e viviamo. Possiamo pensare che la fiducia sia un ingrediente della personalità, qualcosa che ci appartiene dalla nascita, che abbiamo o non abbiamo, in realtà una gran parte di ciò che pensiamo di noi stessi è il risultato dell'apprendimento, delle convinzioni che provengono dalle nostre figure di riferimento.

Quale effetto emotivo ha procurato su di noi un incoraggiamento o addirittura il complimento di un genitore o di un insegnante del quale avevamo stima? E allo stesso modo quale danno ha potuto provocare il rimprovero ricevuto per un compito svolto male o un risultato non raggiunto?

Questo è un nodo fondamentale, uno dei punti critici sui quali si si fonda la comunità nella quale ci muoviamo, modellando tante delle sue convinzioni, della sua cultura, e purtroppo anche delle sue certezze. E il danno maggiore, alla fine, lo subiscono le ragazze. Gli anglosassoni chiamano *gender dream gap* la differenza che esiste tra i sogni sul futuro che fanno i bambini e i sogni sul futuro che fanno invece le bambine. Esiste uno scarto che nasce dalle prospettive che a partire dalla famiglia vengono poste – e qualche volta imposte – a bambini e bambine.

IL CASO BARBIE

C'è una grande azienda di giocattoli che già alcuni anni fa ha dato vita a un programma denominato Dream Gap Project. L'azienda è la Mattel, quella che deve la sua fortuna soprattutto al fascino immortale di Barbie. Sul sito aziendale si legge un comunicato che spiega i presupposti e le finalità del Dream Gap Project:

Diversi studi dimostrano che fin dall'età di cinque anni numerose bambine cominciano a perdere fiducia in loro stesse, credono di non essere intelligenti e capaci tanto quanto lo sono i loro coetanei maschi. Soprattutto, smettono di credere di poter essere ciò che desiderano proprio a causa del genere a cui appartengono.

È incredibile, perché i numeri smentiscono il pregiudizio contenuto nello scarto imposto a quei sogni! Una pubblicazione recente su *Nature Communications* della Università del New South Wales di Sydney analizza le performance scolastiche e universitarie di poco più di un milione e mezzo di studenti e studentesse iscritte a 268 scuole di aree diverse del mondo. Non è la prima volta che i risultati raccontano che i voti delle ragazze si rivelano in media più alti di quelli dei compagni maschi. Ed è quasi ironico accorgersi che le differenze di genere siano risultate pressoché irrilevanti proprio nelle materie scientifiche.

Mattel si occupa di giochi, e il gioco può assumere un ruolo strategico. Alcuni anni fa, grazie a un progetto studiato in collaborazione con la rivista *National Geographic*, la Mattel ha deciso di creare una linea di prodotti che si ispira a temi come la conoscenza scientifica, la ricerca e la tutela dell'ambiente.

Nel 2018, ad esempio, è arrivata sul mercato una Barbie ispirata a Samantha Cristoforetti, l'astronauta e ingegnere spaziale passata alla storia come la prima donna mai entrata in una missione dell'Agenzia spaziale europea.

Nell'aprile 2022 Samantha Cristoforetti è decollata

sulla navicella Crew Dragon insieme alla sua Barbie verso la Stazione spaziale internazionale (ISS). Nonostante gli impegni e le incombenze a bordo, Samantha si è ritagliata del tempo per rispondere alle domande delle bambine di Inspiring Girls, il cui progetto è stato realizzato da Miriam González Durántez.

Nell'autunno dell'anno successivo sono comparse delle Barbie prodotte con una serie di varianti legate ai temi STEM: una Barbie ambientalista, una Barbie astrofisica, una Barbie biologa marina, una Barbie entomologa. L'obiettivo generale della Mattel è quello di celebrare donne che nel proprio settore hanno guadagnato meriti straordinari, donne la cui fama è finalmente cresciuta al punto da poter ispirare bambine di tutto il mondo. Il programma prevedeva la produzione di una Barbie dedicata alla pittrice Frida Kahlo, una all'aviatrice Amelia Earhart, una alla matematica della NASA Katherine Johnson, che nel 1938 fu la prima donna afroamericana capace di superare la barriera della segregazione ottenendo prima l'iscrizione e successivamente la laurea all'Università della Virginia Occidentale. E poi ancora sono nate Barbie dedicate a campionesse dello sport come Ibtihaj Muhammad, americana di fede musulmana che ha raggiunto i vertici nella scherma, Nicola Adams, una donna inglese di origini africane campionessa di pugilato, Bebe Vio, campionessa paralimpica e attivista per l'inclusione. E tante altre... scienziate, ingegnere, registe, autrici, sceneggiatrici, imprenditrici. Ultima in ordine di tempo, nel luglio del 2024, viene immessa sul mercato la prima Barbie fashionista non vedente.

Considerato il successo globale di Barbie, il suo potere di penetrazione nelle case di tanti e dunque nell'immaginario collettivo, le varie versioni pensate grazie al programma fissato con *National Geographic* hanno certamente contribuito a una piccola rivoluzione mentale in milioni di bambine, che per la prima volta si sono ritrovate al cospetto non di modelli femminili generici di moda o di comportamento, ma di vere e proprie protagoniste della storia del mondo. Donne che sono riuscite a far parlare di sé non in quanto donne, ma semplicemente in quanto figure capaci di incidere in prima persona sul destino dell'umanità.

BARBIE THE MOVIE

Nel 2023 è uscito il film di Barbie, una operazione di grande successo al botteghino che ha decisamente fatto parlare di sé.

Io l'ho visto con amiche e amici, una esperienza molto divertente; per noi ragazze della generazione X la parte ambientata a Barbieland in particolare è stato un tuffo nell'infanzia. Case, auto, vestiti, accessori... Tutto riportava a quella fase della nostra vita, a ciò che possiamo definire aspirazionale. Io, tra l'altro, l'auto di Barbie non l'ho mai avuta, e nemmeno la piscina!

Provo a fare una sintesi della trama prima di commentarla.

A Barbieland vivono Barbie stereotipo e tutte le sue altre versioni, e vivono tutti i Ken. Mentre le prime sono realizzate e sicure di sé i secondi si dedicano esclusivamente ad attività di svago.

Tutto sembra funzionare perfettamente sino a quando Barbie stereotipo entra in crisi: per affrontarla e superarla incontra la saggia Barbie stramba che le indica la soluzione. Andare nel mondo reale e trovare la bambina che giocava con lei.

Barbie stereotipo parte e Ken, di nascosto, viaggia con lei fino all'arrivo a Venice Beach, dove i due combinano qualche disastro di troppo mettendo in allarme il CEO della Mattel, che intende catturare Barbie per rispedirla da dove è venuta.

Nel corso di questo viaggio avventuroso finalmente arriva l'incontro con la bambina, Sasha, che in realtà è una adolescente in forte contrasto con Barbie e ciò che rappresenta: bellezza irraggiungibile, eccesso di femminilità, consumismo. Ma la vera causa della crisi della nostra protagonista non è Sasha bensì Gloria, la madre, che in una fase di crisi personale ha cominciato a giocare con le bambole della figlia trasferendo il proprio malessere.

Nel frattempo... Ken scopre un mondo. Il mondo della società patriarcale. Rientrato a Barbieland convince gli altri Ken a adottare comportamenti in tal senso e a sottomettere le Barbie.

Quando Barbie stereotipo, salvata da Gloria e Sasha, rientra a casa cerca di convincere tutti a far tornare le cose come erano. Ma non ci riesce. Sarà Gloria, con un fantastico discorso sull'essere donna, a scatenare la riconquista delle posizioni perse e a bloccare i piani di Ken.

Ma nulla sarà mai come prima: gli eccessi di matriarcato e patriarcato chiedono una sintesi migliore delle vecchie consuetudini, un percorso di equità e inclusione per tutti.

Sul finale Barbie stereotipo è sempre meno stereotipata; incontra la sua inventrice, Ruth Handler, che le spiega che la sua storia è in continua evoluzione e nulla è scritto. La nostra protagonista sceglie di diventare umana e rientrare nel mondo reale, incluso il suo primo appuntamento dal ginecologo. Fine.

Film geniale secondo alcuni, manifesto femminista per altri, pura operazione commerciale per altri ancora. Film che possiamo leggere a diversi livelli, e questo ne fa un prodotto interessante.

La scelta di Greta Gerwig, espressione del cinema indipendente, come co-autrice e regista forse è parte della risposta. Il film in fondo è un po' tutto: una favola dai colori pastello, in primis il rosa, ma anche l'occasione per portare al grande pubblico riflessioni e spunti su temi di grande rilevanza e attualità. Nel nostro mondo, Barbie si imbatte in molestie sessuali e disparità di genere, impara a piangere, conosce il CEO della Mattel, la madre e la figlia che hanno generato i suoi pensieri di insicurezza, senso di inutilità e persino di morte. Ken scoprirà i cavalli, i SUV e il patriarcato.

E in fondo la stessa Barbie nei suoi decenni di vita si è evoluta, diventando icona dell'empowerment femminile attraverso una varietà di modelli, corpi, etnie e professioni proposti.

Rolling Stone, la nota rivista americana, lo ha definito un film sovversivo e al tempo stesso blockbuster. Mi pare una descrizione centrata, che tiene insieme un cast stellare, scenografie meravigliose, musica super cool, ma anche temi di sessualizzazione, involuzione sociale, auto emancipazione e indipendenza femminile.

MAMMA STIRA, PAPÀ LAVORA

Qual è la fase in cui si forma e diventa poi solido il divario di genere, tanto da condizionare convinzioni e quindi progetti delle bambine?

Esiste uno spazio della nostra esistenza infantile che possiamo individuare nel ciclo di studi della scuola primaria. Tenendo da parte per un momento i condizionamenti prescolastici della famiglia che Annalisa ci ha descritto, e considerando la fase della formazione istituzionale, tutto comincia già con i primi passi che muoviamo a scuola. E purtroppo il divario non si esaurisce con la fine della scuola primaria, ma prosegue fino alle scuole secondarie e dunque al periodo dell'adolescenza.

L'UNESCO ci fornisce alcuni dati interessanti. Misurando il divario di genere in matematica, all'età di 15 anni le ragazze sono in svantaggio di 15 punti. Significa che non siamo messi bene rispetto alla media dei paesi OCSE, in cui il gap si misura in soli 5 punti; abbiamo addirittura alcuni paesi nell'area del Nord Europa in cui la distanza risulta oggi del tutto annullata. I numeri a cui facciamo riferimento appartengono al *Global Education Monitoring*

Report, un rapporto che l'UNESCO ha diffuso ad aprile del 2022 e che analizza soprattutto questioni che riguardano il mondo dell'istruzione.

Sullo stesso tema, secondo l'ultimo rapporto OCSE PISA del dicembre 2023, l'Italia ha il divario di genere più ampio di tutti i paesi coinvolti nella rilevazione, paesi UE e Regno Unito. È pari a 21,1 la differenza tra il punteggio medio conseguito dai ragazzi nelle prove OCSE PISA di matematica e quello delle ragazze. Un valore molto superiore rispetto alla media OCSE (9,1) e ai risultati degli altri paesi oggetto di indagine. Per ciascun paese, il valore rappresenta la differenza tra il punteggio medio raggiunto dai ragazzi nei test OCSE PISA di matematica e quello conseguito dalle ragazze.

Non sono rimasti a guardare gli editori italiani. L'AIE, l'associazione che li unisce, ha fatto propria una sollecitazione dell'Unione europea e ha redatto un codice di autoregolamentazione del settore educativo, denominato Polite – Pari Opportunità nei Libri di Testo. Nella sezione del codice dedicata alle regole di comportamento, gli editori tracciano per se stessi un percorso in tre punti:

1. *L'editore è impegnato ad operare per una sempre più puntuale qualificazione dei libri che propone per l'adozione, anche nel senso di una specifica attenzione allo sviluppo dell'identità e della cultura delle pari opportunità, in quanto aspetti decisivi dell'educazione dei soggetti in formazione, di entrambi i sessi.*

2. *L'editore, nel rispetto dell'impostazione culturale e scien-*

tifica di ciascuna opera, ha cura di verificarne l'idoneità a soddisfare, anche sotto il profilo dell'identità di genere e di una cultura delle pari opportunità, le esigenze di coloro a cui è rivolta, tenendo conto dell'età, delle diverse sensibilità nonché delle specifiche caratteristiche degli argomenti di studio a cui la trattazione fa riferimento.

3. L'editore verifica che l'approccio al sapere proposto dal testo agevoli nei destinatari un atteggiamento consapevole dell'evoluzione delle conoscenze e dei percorsi attraverso cui esse vengono arricchendosi e trasformandosi grazie a un'attività di ricerca scientifica ed espressiva che può vedere coinvolti uomini e donne.

Ognuno dei punti è nobile e indiscutibilmente aderente ai bisogni del mondo ma la loro applicazione non è sempre scontata. Alcuni anni fa, precisamente nel 2017, fece discutere un testo della Fabbri Editori riservato alle scuole primarie, il cui titolo era *Sulle ali di Pepe*. La brochure lo presentava così: *Il nuovo corso per i primi tre anni della scuola primaria, fornisce strumenti che puntano fortemente sui nodi più importanti del primo percorso di apprendimento.* Nodi che evidentemente intendeva sciogliere a modo suo! In alcune pagine dedicate alla rappresentazione della famiglia, si leggeva che mentre la mamma era *intenta a stirare*, o a *preparare la cena*, il babbo intanto consultava il suo giornale e controllava un'ultima volta le e-mail. L'incapacità di uscire da questo pregiudizio standard genera la sua persistenza, ahimè. Se un testo adottato dalla scuola elementare insiste nel rappresentare la donna soltanto come dedita all'accudimento e alla cura della casa e l'uomo come figura di riferimento impegnata nel lavoro, è difficile evitare che quel modello debba continuare a essere presente nelle menti di bambine e bambini, fino a lasciar credere loro, e anzi a insegnare, che a quello schema e a quella realtà non si sfugge.

Purtroppo, il problema non si limita a un libro ma a un clima culturale che resiste in numerosi libri di testo. In un altro volume destinato alle classi elementari, sempre del 2017, *Nuvola – Libro dei percorsi*, edizione La Spiga, si trovano esercizi in cui alcuni verbi sono associati alla mamma, altri al papà. La giovanissima studentessa e il giovanissimo studente devono eliminare quelli che giudicheranno inappropriati. Anche qui l'esercizio si risolve con la madre che *stira* e *cucina* e con il padre occupato invece a *leggere* e *lavorare*.

La storica Elisabetta Serafini ha pubblicato con Caterina di Paolo nel 2018 un volume dal titolo *Preistoria. Altri sguardi, nuovi racconti*, edito da Settenove. È un libro in cui la prospettiva abituale se non è ribaltata è almeno aperta anche all'universo delle donne. Ci spinge a chiederci, per esempio, come mai lo studio e la narrazione scolastica del mondo primitivo non ci abbiano mai proposto la definizione di donna sapiens o di donna di Neanderthal, e mai abbiano pensato di raccontarci la presenza e il ruolo femminile nelle generazioni umane lontane da noi centinaia o decine di migliaia di anni.

Si tratta purtroppo di iniziative isolate, e spesso considerate eccentriche. Come se raccontare le vicende, le esperienze, le ambizioni, il vissuto di metà della specie umana fosse un passo azzardato e un tentativo storiografico un po' stravagante e singolare.

Se adesso torniamo a Bandura e alla sua teoria dell'autoefficacia percepita, dobbiamo fare i conti con la quantità così limitata di fiducia che il nostro mondo sceglie di ispirare nelle bambine. A partire da ciò che si apprende in famiglia, e proseguendo lungo le vie per ora immutabili dell'insegnamento che viene impartito a scuola.

Una scuola, quella italiana, che si è fermata alla Riforma agricola dell'Ottocento con un calendario scolastico che era stato allineato al ciclo del grano, per consentire ai bambini di aiutare i genitori nei campi e nella raccolta. Siamo il paese che ha più giorni di frequenza scolastica, 200, insieme alla Danimarca, ma abbiamo un triste primato; siamo il paese che chiude per più settimane consecutive la scuola, 14. Peso economico di questa chiusura e rischio di regressione scolastica per ora non sono bastati a introdurre modifiche, nonostante la chiusura così prolungata accentui le disuguaglianze sociali. Perché i figli della classe più agiata frequenteranno i campi estivi, faranno viaggi di formazione, saranno affiancati da tutor e tate. Mentre i bambini e le bambine della classe meno abbiente verranno parcheggiati a casa, davanti alla tv o in strada.

LA SCELTA (IN)CONSAPEVOLE

Quattro donne alla guida di altrettanti atenei milanesi sono un bel segnale di cambiamento, che intacca la storica leadership accademica al maschile: Elena Beccalli alla Cattolica, Donatella Sciuto al Politecnico, Marina Brambilla alla Statale e Giovanna Iannantuoni alla Bicocca, quest'ultima anche alla guida della CRUI, la Conferenza dei rettori.

Ad esse si aggiungono due donne in atenei lombardi: Maria Pierro, rettrice all'Università dell'Insubria e Anna Gervasoni, nominata rettrice dell'Università LIUC di Castellanza (VA), pochi chilometri da Milano.

Ricordo anche Antonella Polimeni che da alcuni anni guida la Sapienza di Roma, altro ateneo di grande prestigio.

Sono cambiamenti importanti ma ancora limitati perché solo il 19% delle università nel nostro paese sono guidate da rettrici. Ma creare dei precedenti significa aprire nuove possibilità e fornire modelli alternativi di leadership. Soprattutto guardando alle nuove generazioni, al ventaglio di opzioni che devono poter avere nelle proprie scelte, ai modelli di riferimento che necessariamente dobbiamo ampliare a moltiplicare per il loro bene.

ESSERE O NON ESSERE: LA SCELTA UNIVERSITARIA

A proposito di nuove generazioni. Mi piace dialogare con le giovani donne; che siano ancora nel pieno del loro ciclo di studi, o che abbiano iniziato il loro percorso professionale, cerco di creare occasioni, di partecipare a progetti, di mettermi a disposizione per incontrarle, ascoltarle, condividere quello che ho capito di me, per aiutarle a porsi le domande utili. Non ci sono risposte giuste per tutte, ma si può riflettere insieme, spingersi un po' più avanti nel ragionamento. Un percorso maieutico all'interno del quale si stabilisce uno scambio da cui continuo a imparare, ma anche a recuperare parti di quella giovane ragazza che sono stata.

La scelta universitaria è uno di quei momenti che si carica di mille aspettative, a volte di eccessive tensioni e preoccupazioni se viste con gli occhi della maturità. La vita prende strade e direzioni imperscrutabili, ma è certo che con il senno di poi tutto sembra più facile.

Una delle ragazze meravigliose con cui ho avuto la fortuna di dialogare è Sofia Fiore, che ho incontrato nell'ambito di un programma di mentorship del Comune di Milano voluto da Alessia Cappello, assessora allo Sviluppo Economico e Politiche del Lavoro.

Sofia è forte e consapevole, anche dei propri dubbi. Le ho chiesto se avesse voglia di condividere i suoi ragionamenti e i suoi pensieri sulla scelta universitaria che un po' l'aveva angustiata e che era stata oggetto dei nostri scambi.

La prima e interessante riflessione di Sofia riguarda l'unicità della scelta, la certezza della direzione.

Come è possibile che ci piaccia una sola cosa, mi ha detto, un po' perplessa. Soprattutto se si è bombardati – parole sue – di esperienze, conoscenze, e quindi infinite possibilità. In una mente fresca e brillante questi continui stimoli invitano a scoprire mondi nuovi, a vivere nuove sfide e allo stesso tempo a sbloccare emozioni per nuove materie. Ma proprio questa attrazione fa anche paura, mi spiega Sofia. «Cosa scegliere? E in base a quale logica? Come regolarsi in quel vasto territorio di possibilità? Come dirigersi verso un solo obiettivo che sia immediatamente chiaro, definito, spesso così preciso da riuscire già a prefigurare te stesso nel ruolo lavorativo?»

Per Sofia e per molti suoi coetanei il tema della scelta, potenzialmente infinita, può arrivare addirittura a essere angosciante.

«Scegliere per me è stato difficile, perché ho dovuto realizzare che non era soltanto una la strada che avrei voluto intraprendere. Quindi ho dovuto accettare questo limite e vivere la paura di fare la scelta sbagliata, ed è stato uno dei momenti che più mi ha fatto crescere. Ho imparato a escludere ciò che non preferivo, a vivere il turbamento che sentivo in me quando realizzavo che non avrei potuto frequentare tre corsi di studi, almeno non contemporaneamente. Ho imparato ad accettare questa emozione perché, per quanto dolorosa, faceva parte di me.

A noi studenti vengono forniti dei mezzi con i quali scegliere, dei possibili criteri con i quali interfacciarsi, ma alla fine ti accorgi che non sono risposte vere, sono solo altre domande da porsi e altri interrogativi irrisolti. Ho cercato anche risposte nelle opinioni dei miei amici, della mia famiglia, di coloro con cui trascorrevo il mio tempo e che ovviamente mi davano pareri genuini. Ma la verità è che questa è una decisione che una persona non può che prendere individualmente.»

Sofia aveva una idea in testa sin da quando era piccola: trovare la cura per i tumori, dunque studiare medicina. Crescendo, e con l'approssimarsi dell'appuntamento con la vita universitaria, questa idea così forte in lei è stata oggetto di dubbi, ripensamenti e anche paura di non farcela. La *montagna insormontabile*, come la chiama lei, era quella del test d'ingresso che l'ha posta di fronte alla paura di non farcela, e quindi a quella di aspettative deluse. Paura del fallimento.

L'iper-preparazione messa in atto per affrontare e possibilmente superare quel test – alla ricerca della perfezione con ore e ore passate sui libri – ha finito con l'inaridire quella passione vera, vitale, che per Sofia era la condizione necessaria per intraprendere un percorso così lungo e difficile.

«Quando entravo negli ospedali, sentivo sempre che quel posto era parte di me, la sentivo come un'emozione viscerale, inspiegabile. Come quando dopo mesi passati a studiare o a lavorare fuori si ritorna nella propria città, o nel proprio paese. Ecco, io quel sentimento lo provavo quando entravo in un qualsiasi reparto sanitario, fosse anche la sala prelievi per donare il sangue, ed è una sensazione che non potevo ignorare. Ma come fare ad ammettere con se stessi che si vuole arrivare proprio lì, se si ha davvero paura di non superare un test, se sono delle crocette a decidere se tu meriti o meno di ritrovarti a gestire il successo o la sconfitta?»

Sofia ha aspettato che uscissero i risultati del test e quando ha scoperto di essere stata ammessa, quando aveva davvero tutta la possibilità di scegliere, quando era ormai diventata una decisione tutta sua, e non solo l'esito di un risultato accademico, ecco che è stata in grado di rispondersi: «Era quello che volevo e che voglio per me.»

Ci sono tanti elementi importanti nella testimonianza di Sofia: i dubbi, le tante informazioni, le persone con cui confrontarsi, la propria vocazione, la paura di non farcela e di fallire. Ne manca uno, ed è una mancanza molto femminile: il riferimento a prospettive di carriera e di guadagno, che spesso è il tassello mancante nella scelta delle ragazze. Su questo noi adulti abbiamo una responsabilità fondamentale, sia nella narrativa che accompagna le scelte dei più giovani, ragazze e ragazzi, sia nelle informazioni consapevoli che dobbiamo essere in grado di trasferire loro.

LA STORIA INSEGNA. UNA RAGAZZA DEGLI ANNI SESSANTA

Le persone più vicine a noi non sempre ci confessano i loro sogni, forse perché smettono di confessarli a se stessi, come dei limiti autoimposti. Ma come recitava una storica trasmissione televisiva «non è mai troppo tardi».

Così una ragazza di 80 anni, mia madre, si è iscritta a un corso di fisica. Lasciandomi a bocca aperta. «In realtà mi piace da sempre, da quando ero una ragazzina. Purtroppo a quei tempi le materie scientifiche non erano cosa da femmine, da quel mondo noi bambine eravamo escluse. E quindi i tuoi nonni non mi permisero di studiarle.»

La sua storia affonda le radici in un tempo lontano, nel quale il mondo degli studi si suddivideva in materie da maschio e materie da femmina. Queste lontane radici sono in fondo ancora qui, ben impresse nella nostra cultura, continuano a esistere nelle convinzioni e nei comportamenti di tanti.

Secondo uno stereotipo antico e ostinato le donne hanno rispetto agli uomini una minore inclinazione per gli studi tecnico-scientifici. Gli stereotipi non sono purtroppo mai senza effetti, e a partire dalle scuole primarie questa convinzione comporta pregiudizi significativamente negativi sulle capacità delle bambine nelle prove di matematica, di geometria, di fisica, e di tutte le discipline che appartengono all'ambito strettamente scientifico. Pregiudizi negativi, teniamolo presente, che spesso provengono da genitori, parenti, insegnanti, dunque le figure di riferimento, le figure che detengono il ruolo di maggior autorevolezza e maggior credibilità per le bambine. Tutto questo si traduce in una versione dei fatti che poi le bambine inevitabilmente interiorizzano, con la quale condizionano le proprie certezze e che ha quindi alte probabilità di ricadere sul profitto.

C'è dunque pochissimo da stupirsi se scopriamo che in moltissimi paesi, e tra questi c'è il nostro, si registra una presenza femminile piuttosto scarsa, e comunque largamente minoritaria, sia nei corsi di laurea universitari sia nelle scuole secondarie a indirizzo tecnico, e di conseguenza nelle professioni a cui queste scuole preparano.

IL POTERE DELLO STEREOTIPO

Ma cos'è davvero uno stereotipo? Si tratta di una formula sbrigativa nella quale racchiudiamo un concetto molto ampio, e quando la formula è sbrigativa e il concetto ampio vuol dire che stiamo esponendo il nostro giudizio a una quota di errore molto elevata. Riusciamo a evitarlo? È complicato, siamo pigri, non intendiamo dedicare troppo tempo alla formazione delle nostre convinzioni, preferiamo decidere in fretta, spesso trascurando anche il rischio di sbagliare.

Gli uomini sono più risoluti, le donne sono più pettegole. Gli uomini sono più disordinati, le donne sono più fragili. Spesso ci troviamo in presenza di sentenze di questo tipo, che in molti casi provengono da lontano, e che le generazioni trasmettono all'interno dei loro perimetri di influenza, diffondono tra i propri membri. Approssimazioni che formano via via nozioni, forme elementari e profonde di conoscenza, poi valori, poi cultura. Ed è così che tante coscienze evitano di costruirsi davvero le proprie opinioni, è così che smarriscono la possibilità di passare attraverso l'osservazione diretta e la formazione personale del giudizio, ricavano invece un pacchetto già pronto di certezze da quel mondo nel quale il destino le ha inserite. Certezze individuali, certezze che appartengono al gruppo, certezze che diventano collettive.

Consideriamo che uno stereotipo possa conquistarsi anche i suoi spazi di utilità, possiamo in certi casi catalogarlo tra le necessità evolutive, come si trattasse di un errore necessario. Se una diceria ci suggerisce che in una certa località gli automobilisti sono distratti e indisciplinati, tutto sommato faremo bene ad attraversare la strada con particolare prudenza. Non si sa mai. È il tipo di circostanza in cui ci accorgiamo che lo stereotipo possiede anche il merito non trascurabile di fornirci decisioni rapide, sulle quali non avremmo né il tempo né la voglia di documentarci con troppa cura né di riflettere troppo.

Ma possiamo permetterci allo stesso modo una semplificazione così brutale quando l'oggetto della nostra approssimazione comprende persone, e quindi caratteri, emozioni, tormenti, fragilità? La nostra sensibilità astratta ci invita a rispondere con un no, eppure lo facciamo ugualmente, e lo facciamo continuamente. Ci ostiniamo a farlo soprattutto a causa del fatto che non ne siamo consapevoli, e ciò rende la materia ancor più insidiosa per ciascuno di noi. Poiché in fondo crediamo di esserne immuni, crediamo che lo stereotipo riguardi altri, non la nostra lucidità di pensiero, non la nostra capacità di tenersi fuori dalla palude del pregiudizio. E questo finisce con il trasformare la questione in qualcosa di infinitamente più complicato. Se accettassimo l'idea che esistono anche profili di noi stessi dei quali ci sfugge il pieno controllo, se accettassimo l'idea che in una selva più o meno fitta di pregiudizi siamo inevitabilmente cresciuti, e che dunque una parte almeno di quei pregiudizi è diventata nostra e modella, condiziona le nostre convinzioni e le nostre opinioni, forse riusciremmo ad amministrare, e magari finalmente a modificare, più efficacemente quella tentazione frettolosa e ingannevole con cui tanto spesso giudichiamo il mondo.

Proviamo a ragionare. Quel nuvolone denso di tradizione e cultura che abbiamo alle spalle e che tuttora incombe sulle nostre teste, quel grumo di regole e certezze che chiamiamo *spirito occidentale*, per secoli ha escluso le donne da numerosissime attività. Ebbene, questa eredità è causa o effetto dei pregiudizi che ancora oggi pesano sulla nostra civiltà? Tutt'e due, naturalmente. L'idea che le donne fossero destinate alla casa, alla cura degli ambienti domestici e dei figli, confinate in spazi severamente controllati dagli uomini, riceve la sua giustificazione da una presunta convinzione di fragilità femminile, e di attitudine esclusiva alle faccende legate alla maternità, all'accudimento e alla cura dell'ambiente domestico.

Questo presupposto genera un destino lungo secoli, nel corso dei quali le donne sono escluse da attività artistiche, da attività intellettuali e da altre forme di scoperta e valorizzazione dello spirito individuale, alle quali solo gli uomini sono ammessi, nelle quali solo gli uomini sono ritenuti capaci.

A questo punto, è facile accorgersi che proprio secoli di negazioni segreghino il mondo femminile in una condizione di buio e silenzio pressoché totali. Un buio e un silenzio opprimenti che tuttavia convincono ulteriormente il clima culturale dominante di trovarsi sul versante giusto. Prima di chiedersi quanto sull'assenza femminile pesino la censura e l'esclusione, la convinzione ricorrente del passato da cui proveniamo sentenzia invece: se non esistono donne artiste, se non esistono donne di scienza, questo fornisce la prova che soltanto o soprattutto gli uomini posseggono il genio della creatività e la facoltà dell'ingegno.

Se vogliamo dare vita a un linguaggio di verità servono quindi paradigmi che siano aperti alla novità, che sappiano infischiarsene degli stereotipi e andare oltre.

LE RAGAZZE IN STEM

Einstein sosteneva che la matematica è a suo modo la *poesia di idee logiche*. Allora cos'è che la maggior parte di noi non riesce a vedere? E quanto la narrativa mainstream intorno alla scienza ci impedisce di togliere il velo che nasconde questa natura poetica?

Prendiamo per esempio un campo della matematica, la geometria, la geometria euclidea. Gli enti primitivi della geometria: retta, punto, piano e spazio non sono oggetti reali, o meglio, così come sono pensati dalla matematica non esistono. Nella realtà non è possibile disegnare un punto senza dimensioni, tutto nella realtà occupa uno spazio, ha una dimensione, così come non è possibile disegnare la retta propria della geometria. Lo spazio in cui viviamo ha tre dimensioni, o meglio, noi percepiamo tre dimensioni, al massimo quattro, includendo il tempo. Ebbene la matematica già da decenni studia gli spazi a infinite dimensioni. Non sono questi concetti che vanno al di là del reale, dei sensi, non sono creazione, pura fantasia?

Nonostante decenni di battaglie vinte e di passi in avanti per inseguire la parità di genere, la permanenza dello stereotipo che vuole le donne poco adatte allo studio delle discipline tecnico-scientifiche è confermata dai numeri.

Quando viaggiamo nell'universo delle materie scientifiche incontriamo un acronimo: STEM. Vuole dire *Science, Technology, Engineering, Mathematics* (in italiano, scienza, tecnologia, ingegneria e matematica). Dobbiamo questa formula alla microbiologa Rita Colwell, che la adottò nel corso in di una conferenza tenuta nel 2001 alla National Science Foundation.

Oggi la parola STEM comprende scienze naturali e scienze formali, e con scienze formali intendiamo la logica, la statistica, l'intelligenza artificiale, la teoria dell'informazione e del gioco e la linguistica.

Da qualche parte è possibile trovare l'acronimo con una vocale in più, una a. Ci ritroviamo perciò con STEAM, che ha l'intento di aggiungere le Arti alle nostre discipline. Altrove si adotta una versione ancora diversa, STREAM, e la r che si aggiunge sta per Robotica. Queste nuove versioni dell'acronimo si fondano sul presupposto che nel nuovo mercato del lavoro e con nuove professioni già evidenti la separazione delle due conoscenze – umanistica, scientifica – non è più possibile. Complessità richiede creatività e innovazione di pensiero, e capacità di uscire dagli schemi. È la combinazione dei saperi.

Favorire la presenza femminile negli ambiti STEM non contribuirebbe solo a risolvere il problema del gender gap in uno dei settori chiave per il futuro della società, ma avrebbe effetti nettamente positivi per l'economia. Secondo le ricerche condotte dall'EIGE, l'Istituto europeo per la parità di genere, colmare il divario fra uomini e donne nelle professioni tecnico-scientifiche *contribuirebbe a una crescita del PIL europeo pro-capite del 2,2-3%* nei prossimi trent'anni.

«Nei mestieri di domani» dice Ersilia Vaudo, astrofisica all'Ente spaziale europeo, di cui è anche *chief diversity officer*, «le competenze quantitative analitiche saranno sempre più importanti, così come avere gli strumenti per navigare un mondo che diventa sempre più complesso; è certamente una scelta che permette di intraprendere tante strade. Una mente aperta può essere utile anche in finanza ed economia, in tanti altri settori come lo studio dei materiali, l'energia e tutte le sfide di domani.»

Mi spiega Ersilia che nelle bambine insorge molto presto un muro di ansia rispetto alla matematica; sono molto più sensibili ai risultati e al fallire, c'è una grossa pressione da parte di stereotipi familiari ma anche a scuola. Nonostante non esista nessuna differenza cognitiva, le bambine cominciano a convincersi di essere meno brave e di essere meno portate per queste materie. Uscire dalla matematica già da molto presto è un ostacolo a poter scegliere successivamente materie STEM; quindi è molto importante la consapevolezza da parte delle famiglie perché questi sono i settori a piu grande tasso occupazionale a più grande crescita salariale.

«Importante è che i genitori non accettino mai di sentirsi dire da un'insegnante che la loro figlia non è portata per la matematica» conclude Ersilia.

I DATI PARLANO DI UN PROBLEMA PERSISTENTE

Entriamo nel dettaglio dei dati a nostra disposizione e vediamo in che misura la presenza delle donne sia scarsa nei corsi di studio a carattere scientifico. Secondo le stime pubblicate da Openpolis – una fondazione indipendente che diffonde informazioni pubbliche – nell'Unione europea per ogni 1000 persone tra i 20 e i 29 anni troviamo 21 laureati maschi nelle materie STEM e solo 14,9 femmine.

In Italia i dati non sono molto diversi, sono solo un po' più bassi in termini aggregati, abbiamo cioè meno laureati

STEM complessivi. Sui 1000 giovani di riferimento, nel nostro paese ci sono 19,4 laureati e 13,3 laureate.

Concediamoci ora uno sguardo più focalizzato sulle vicende italiane, e diamo un'occhiata ai dati diffusi dal ministero dell'Università e della Ricerca nel 2024. La percentuale di donne che in Italia sceglie discipline STEM è del 39,2%. Un dato superiore alla media europea che si aggira attorno al 33,6%. Restiamo in ambito STEM e vediamo che la percentuale di donne che consegue il dottorato di ricerca supera da noi il 42%, valore sensibilmente maggiore della media europea, che è del 37% circa.

L'Istituto di statistica dell'UNESCO (UIS) nel suo report *Women and Science* del 2022 rileva che le donne sono circa il 30% dei ricercatori del mondo, e che del resto ancora oggi meno di un terzo delle studentesse sceglie di iscriversi a corsi di laurea in matematica o ingegneria. Nel 2020/21 le ragazze che hanno scelto facoltà STEM, storicamente maschili, raggiungevano solo il 20%.

Gli stereotipi restano, eppure alcuni dati dicono che qualcosa sta modificandosi. Cresce il totale delle ragazze che riesce a tradurre in studio accademico la passione per la scienza, i numeri forniti dalla Federazione nazionale degli ordini dei chimici e dei fisici dicono che il 42.21% dei professionisti iscritti alla loro federazione sono donne. Di questo totale, il 33,67% è formato da donne chimiche, e solo il restante 8,54% da donne che svolgono la professione di fisico.

Del resto, se modifichiamo il nostro parametro e

andiamo a scavare nella storia dei riconoscimenti, ci accorgiamo che fino al 2023 ci sono state soltanto 5 vincitrici del premio Nobel per la fisica, e le assegnazioni sono state in tutto 224. Ce ne sono state 8 per la chimica, su un totale di 192, e ce ne sono state 13 per la medicina, dove il totale è 228. Per avere un confronto migliore, scopriamo cos'è accaduto al Nobel per la letteratura: non siamo certo in equilibrio, la dominanza maschile è larghissima anche qui, ma almeno il rapporto di 16 vincitrici donne su 99 assegnazioni ci dice che la situazione è un filo meno drammatica. Come vogliamo definire queste proporzioni tra donne e uomini? Impietose? Per chiudere la questione riconoscimenti, aggiungiamo che solo nel 2014 una donna, l'iraniana Maryam Mirzakhani, ha conquistato la Medaglia Fields, il più prestigioso dei premi assegnati per la matematica.

L'EFFETTO MATILDA E LE SCIENZIATE CANCELLATE

A proposito di riconoscimenti, una storia è particolarmente indicativa. Ne ho scritto qualche anno fa per *Harvard Business Review* – a gennaio/febbraio 2021 – quando il dibattito su donne e scienza cominciava ad accendersi. Ecco la storia, orribile nel suo finale. Negli anni Cinquanta, la scienziata inglese Rosalind Franklin con i suoi studi e le sue ricerche contribuì a una delle scoperte scientifiche più importanti di sempre: la struttura del dna. Le sue analisi cristallografiche fornirono ai colleghi James Watson e Francis Crick il tassello mancante che servì loro per capire e descrivere la molecola a doppia elica. Eppure, ancora oggi, quando si parla di dna si ricordano soltanto i nomi dei due scienziati che, grazie a questa scoperta, furono insigniti del premio Nobel nel 1962. Il contributo di Franklin, che era morta di cancro nel 1958 a soli 37 anni, non fu mai preso in considerazione e la sua figura verrà riscoperta e riabilitata solo decenni più tardi. Quel che è accaduto a Rosalind Franklin è diventato poi noto come *effetto Matilda*, una definizione coniata negli anni Novanta dalla sociologa Margaret Rossiter, che ricorda la vicenda della suffragetta Matilda Joslyn Gage. L'effetto Matilda è il fenomeno per cui, soprattutto in ambito scientifico, i risultati di una scienziata donna vengono attribuiti, del tutto o in parte, a un collega uomo.

La stessa Zanichelli dedica al tema un intervento lungo e circostanziato. Marco Boscolo, science editor della casa editrice, ha spiegato che secondo un'analisi di oltre mille articoli scientifici che sono stati pubblicati tra il 1991 e il 2005 è facile verificare che gli articoli che hanno per autrice una studiosa donna hanno meno citazioni rispetto a lavori analoghi firmati da studiosi uomini. Siamo ancora una volta agli esiti dell'effetto Matilda, in cui il pregiudizio verso le capacità delle donne condiziona in modo decisivo il giudizio attribuito ai loro risultati scientifici.

Facciamo ora un salto in una celebre tela, e nella testimonianza artistica lasciata da uno dei monumenti del nostro Rinascimento. Nella Scuola di Atene di Raffaello uno sguardo femminile ci osserva, uno soltanto. È quello di Ipazia, la sola tra le donne ritratte che rivolga gli occhi allo spettatore. Ipazia è una astronoma, una matematica, e si fa quasi fatica a dirlo. Nell'epoca in cui ha vissuto, il IV secolo dopo Cristo, quei titoli erano attribuiti esclusivamente a uomini. Lei nasce ad Alessandria d'Egitto, è dunque una egiziana di lingua e cultura greca, figlia di un astronomo di grande autorevolezza, Teone, che lei quando è ancora bambina segue, ascolta, osserva, e da cui impara i segreti di ciò che intimamente la appassiona. Il cielo. Impara che il cielo non è solo stelle e contemplazione, non è solo ipotesi sulla creazione e sull'immanenza, come si insegna ai suoi tempi. La conoscenza del cielo è soprattutto numeri e calcoli, e questo non la scoraggia e non la ferma. Per muoverti lungo le strade dell'astronomia devi avere per compagna la matematica, e Ipazia non ha paura di avvicinarla e approfondirla, pur di interpretare quel cielo che è sulle teste di tutti noi e che tuttavia rimane così inspiegabile e misterioso. A quei tempi la scienza non viaggia da sola, resta strettamente connessa alla filosofia. E infatti gli studi di Ipazia partono dal neoplatonismo e proseguono con l'insegnamento della dottrina che Plotino consegna ai secoli. Malgrado sia solo una ragazza, suo padre si fida presto di lei, la tiene accanto nel corso degli studi che puntano a superare il modello tolemaico dell'universo. Ma anche qui non bastano convinzioni e teorie, occorrono calcoli, numeri, dimostrazioni. Secondo Sinesio, storico che riporta vita e studi di Ipazia, lei non solo mise in discussione che la Terra fosse al centro dell'universo, ma intuì la relatività dei moti e l'orbita ellittica dei pianeti. Quel che Galileo e Keplero scoprirono e annunciarono tredici secoli dopo.

Come accade con la filosofia, siamo in un tempo in cui è pressoché impossibile tenere a distanza la scienza dalle questioni dottrinarie e religiose. E il neoplatonismo di Ipazia si trova fatalmente in conflitto aperto con l'ortodossia cristiana rigorosa di Cirillo, vescovo di Alessandria appena nominato. Cirillo si adopera per l'espulsione della comunità ebraica e per l'eliminazione fisica di chiunque rappresenti in qualsiasi modo un simbolo di apertura culturale. Su Ipazia nascono così sospetti, alcuni creati ad arte per alimentare nei suoi confronti la rabbia dei cristiani più fanatici. Un giorno del marzo 415, la ragazza si trova in strada, travolta da un tumulto che ha origini religiose, la folla la riconosce e la attacca, il più feroce è un drappello di monaci Parabolani, una setta che spera di raggiungere la morte e vuole meritarsi il Paradiso. A una donna, a Ipazia, non si può perdonare lo studio profondo della matematica e dell'astronomia, non si può concedere il peccato mortale della conoscenza. Viene trascinata in una chiesa e uccisa con dei cocci di vetro, poi fatta a pezzi e arsa. Più di mille anni dopo, Raffaello sceglie di rendere eterni il suo sguardo e il suo desiderio di libertà. Ipazia è donna, è scienziata, ed è una martire singolare, perseguitata e ammazzata non dai nemici di Cristo, ma dal potere intollerante e da una fede cieca.

Lo studio di frontiera è un'impresa per pochissimi. Affrontare percorsi che siano in grado di spostare il confine della conoscenza dell'umanità è un'avventura alla quale pochissimi protagonisti riescono a prendere parte. Se poi sei donna, e sei nata nel XIX secolo, il compito diventa praticamente impossibile. Per fortuna, anche le barriere invalicabili hanno punti di fuga.

Nella prima metà dell'Ottocento una contessa inglese, Ada Lovelace, dotata di una raffinatissima mente matematica, sviluppa un concetto allora del tutto inedito, oscuro per la comprensione di chiunque, qualcosa di mai visto per logica, struttura e metodo. Si tratta di quel che passerà alla storia come Nota G, un algoritmo che descrive il sistema di calcolo di una successione di numeri di Bernoulli. L'applicazione è studiata per la cosiddetta macchina analitica di Charles Babbage, una progenitrice di ciò che successivamente chiameremo computer. Il metodo sviluppato da Lovelace è un vero e proprio algoritmo di programmazione, al tempo in cui non esisteva linguaggio informatico, quando non esistevano perciò né programmazione né programmatori. La Nota G fu la prima struttura logica capace di indicare quale potenziale e quale futuro avessero le macchine per calcoli complessi. Ma la Lovelace si spinge oltre, intuisce che la macchina analitica potrà essere utilizzata non solo per generare numeri, ma anche per produrre suoni, testi, immagini. È inevitabile concludere che la storia debba l'idea stessa di informatica e di software a questa geniale matematica.

Casi isolati, purtroppo. Il peso intollerabile del pregiudizio ci ha continuamente messi di fronte a profezie che si autoavverano. Circolava la certezza che le discipline scientifiche non facessero al caso delle donne, né all'opportunità delle loro occupazioni, e nemmeno alle loro possibilità intellettive e logiche. Dunque, nessuna o pochissime famiglie prendevano in considerazione studi scientifici per le proprie figlie, e anche ragazze teoricamente dotate immaginavano, fidandosi di quanto dappertutto sentivano dire, che per loro era meglio lasciar perdere in partenza matematica e fisica, pianeti troppo distanti, mondi che solo i maschietti erano in grado di esplorare.

Certo, al cospetto di questo muro, qualcuna si ribellava, sapeva perfettamente di avere i mezzi per scalarlo, ma come al solito per essere ascoltata doveva dimostrare molto più di quanto non toccasse a coloro che si avvalevano di diritti riconosciuti in partenza. La mente straordinaria di Emmy Noether è tra quelle che provarono a scalfire la parete. Lei, tedesca nata sul finire dell'Ottocento, riuscì a studiare matematica all'Università di Erlangen e a raggiungere il dottorato nel 1907. Il contributo di Noether all'algebra astratta è enorme, al suo nome sono legate scoperte fondamentali soprattutto nell'ambito della teoria degli anelli e nella teoria dei campi. Ci restano di lei i teoremi di Noether, che rilevano le simmetrie nelle equazioni differenziali, particolarmente nella teoria della relatività generale di Einstein, e il legame che esiste tra simmetria e conservazione delle quantità fisiche fondamentali: l'energia, il momento angolare, la carica elettrica. Nemmeno le sue profonde intuizioni bastarono a frantumare i pregiudizi. Sì, magari è anche bravina, ma è pur sempre una donna, non penserà certo di poter salire fino alla cattedra di una prestigiosa università tedesca. Gottinga le negò in effetti la docenza, malgrado i suoi meriti accademici fossero indiscutibili. Affinché più tardi la ottenesse, fu necessario l'intervento in suo favore di due scienziati a cui nessuno si sarebbe permesso di dire no: David Hilbert e Albert Einstein in persona. Quanto ogni conquista sia stata per lei infinitamente più difficile, era la prima a saperlo. «La matematica» amava dire, «non mente. Se hai la soluzione giusta, vuol dire che è giusta. E non importa, non conta nulla che tu sia uomo o che sia donna.»

INVERTIRE LA ROTTA

La scuola dovrebbe essere tutto, perché è futuro e speranza. Da lì dobbiamo ripartire per renderla più efficace e inclusiva. Iniziando dai più piccoli, introducendo metodi di apprendimento fin dalla prima infanzia basati sul gioco e sull'esperimento, sulla curiosità e sulla risoluzione di problemi come introduzione al metodo scientifico. «In Italia il fallimento fa fatica a passare come un'opportunità per migliorare» ha affermato Donatella Sciuto, rettrice del Politecnico di Milano.

Dobbiamo poi ripensare il modello di insegnamento della matematica nelle scuole primarie, basandolo sull'adozione di pedagogie innovative, anche grazie alla prossimità crescente tra neuroscienze e educazione. L'alleanza tra genitori e insegnanti con una formazione reciproca adeguata e con una attenzione forte alle problematiche di genere è alla base di questa trasformazione.

In Francia, ad esempio, il valore simbolico della matematica è altissimo. Negli ultimi risultati dell'indagine OCSE PISA – che misura il livello di competenze tra le adolescenti – si era notata una leggera flessione di competenze in matematica. Il governo francese si è subito attivato dichiarando questa materia come un motivo di emergenza nazionale. Le considerazioni erano duplici: da un lato l'idea che un paese senza matematica rischiasse anche di essere economicamente debole. Dall'altro l'impatto a lungo termine: ragazzi che si sentono inadeguati rispetto alla matematica saranno adulti più inclini a diffidare degli esperti, a delegare ragionamenti complessi, a non fidarsi della scienza. Quindi più facili da manipolare e da spaventare. Come dire che i principi democratici da tutelare passano anche da questo.

Così come dalle vacanze scolastiche, ormai superate dal nuovo modello familiare in molte aree del nostro paese: genitori che lavorano, nonni distanti, infrastrutture assenti. Perché non organizzare a livello nazionale un sistema di offerta di attività e stage STEM per bambine e ragazze, incentivando attività sperimentali, in cooperazione con differenti stakeholder: imprese, centri di ricerca, scuola eccetera? E perché non prevedere campi estivi con una componente di materie STEM, anche introducendo un approccio *learning from failure*, che è alla base del metodo scientifico?

Un bellissimo esempio di come possiamo avvicinare i bambini alle materie STEM è quello di Il Cielo Itinerante, un'associazione italiana non-profit fondata nel 2021 da Ersilia Vaudo, Alessia Mosca, Giovanna dell'Erba e Giulia Morando con l'obiettivo di avvicinare allo studio delle materie STEM i bambini e le bambine in situazioni di povertà educativa e disagio sociale, sperimentando nuovi metodi formativi, sia negli ambiti di intervento sia nelle modalità operative.

Il nostro paese presenta un allarmante gap rispetto all'apprendimento delle materie STEM, trovandosi agli ultimi posti tra i paesi europei nei test di scienze con uno dei cali maggiori negli ultimi anni tra i paesi OCSE. Da qui, ispirandosi al progetto The Travelling Telescope di Susan Murabana, partita con un pulmino e un telescopio per mostrare le stelle alle bambine e ai bambini di moltissimi villaggi kenyoti, nasce Il Cielo Itinerante.

«Nelle bambine, ma in generale in chi viene dal disagio sociale, c'è un desiderio che si indebolisce strada facendo. Cominciano a non desiderare più qualcosa per sé, e dunque un futuro» dice Ersilia, «c'è proprio una contrazione di quello che sono capaci di desiderare, che diventa un desiderio immediatamente sentito come irraggiungibile.»

Operazione Cielo è una delle iniziative dell'associazione. Nasce dalla consapevolezza maturata grazie all'indagine *Il potere delle Stelle*, condotta in collaborazione con

IPSOS, che rileva tra gli elementi della matematica oggi percepiti come ostici dai bambini, il metodo con cui viene insegnata a scuola. Alla luce di questo dato, Il Cielo Itinerante ha condotto un'analisi comparata per valutare i metodi più innovativi per insegnare la matematica oggi esistenti. Tra i tanti analizzati, si è valutato come particolarmente interessante quello studiato presso l'Università di Stanford dalla professoressa Jo Boaler: il metodo Youcubed, che insegna le materie STEM ai giovanissimi dai 10 ai 14 anni, con un modo nuovo che non prevede lezioni teoriche ma solo attività che stimolano le neuro-connessioni cerebrali.

Si è deciso quindi di sperimentare questo metodo in sei *summer camp* di quattro settimane, coinvolgendo tra i 30 e i 50 bambini dai 10 ai 14 anni di età. I bambini partecipanti sperimentano questo metodo la mattina e si dedicano a laboratori incentrati sullo spazio, ad attività sportive e ludico-ricreative nel pomeriggio.

Reshma Saujani – fondatrice di Girls Who Code, una non profit che ha insegnato la programmazione a decine di migliaia di ragazze – afferma che dobbiamo insegnare alle bambine a essere coraggiose, non perfette. Dobbiamo spiegare loro l'importanza dell'errore, non spingerle a essere adeguate alla società che le circonda. È fondamentale, perché nella scienza e nell'informatica i progressi si ottengono per sedimentazione di tentativi ed errori, non con aspirazioni di perfezione che generano solo senso di inadeguatezza.

PERCHÉ È UNA PRIORITÀ DELLE NOSTRE ISTITUZIONI

Presentando il PNRR, Mario Draghi ha chiarito che l'intero piano rappresenta un investimento sul futuro e sui giovani, ai quali vanno garantiti welfare, casa e un'occupazione sicura.

Per cogliere al meglio questa occasione, serve prima di tutto cambiare l'approccio complessivo, passando da una visione di breve periodo che ha dominato negli ultimi decenni a una cultura del progetto di lungo periodo come strumento per anticipare il futuro, in questo caso specifico, il progetto di paese che vogliamo costruire e lasciare ai nostri giovani. I dati dicono che l'Italia resta il fanalino di coda dell'Europa: conta oltre due milioni di ragazzi tra i 15 e i 29 anni che non studiano, non lavorano e non sono impegnati in percorsi di formazione (i giovani cosiddetti NEET, *Neither in Employment or in Education or Training*) e ha un tasso di laureati tra i più bassi del continente.

Cambiare la cultura di un paese, i suoi presupposti e pregiudizi più o meno inconsapevoli richiede tempo e uno sforzo congiunto di tutte le forze in campo, a partire dalle istituzioni, insieme a terzo settore e imprese.

Una esperienza interessante su scala locale è stata – peccato parlarne al passato – STEM in the city, iniziativa nata nel 2017 presso il Comune di Milano, ideata da Roberta Cocco, allora assessora alla Trasformazione Digitale e Servizi ai Cittadini. Il progetto STEM in the City è stato sviluppato e realizzato in collaborazione con importanti realtà del settore pubblico e privato e con il supporto delle Nazioni Unite, per diffondere la cultura STEM e rimuovere gli stereotipi che allontanano le ragazze dai percorsi di studio nelle materie tecnico-scientifiche.

Nelle diverse edizioni STEM in the City è stata affiancata da numerosi partner che hanno deciso di collaborare per promuovere il valore della cultura digitale, anche in ambito artistico e umanistico: non esiste professione o espressione artistica che oggi non veda il digitale e la tecnologia come strumento fondamentale. L'iniziativa ha offerto percorsi su misura per tutti: dalle scuole dell'infanzia fino alle università e al mondo degli adulti. Ogni edizione ha coinvolto centinaia di speaker ed esperti, tutti accomunati da uno stesso obiettivo: promuovere la diffusione delle discipline tecnico-scientifiche e delle nuove tecnologie digitali come opportunità per il futuro professionale delle nuove generazioni, eliminando stereotipi e barriere. Terminato l'incarico di Roberta... terminata STEM in the City. È incredibile come non riusciamo a valorizzare esperienze di eccellenza, farne tesoro, replicarle e perché no scalarle a una dimensione più grande. Perché per esempio, non trasformarla in una iniziativa nazionale. *STEM in Italy, STEM in all the cities, STEM everywhere.*

L'UNIVERSITÀ DEL FUTURO... CHE È GIÀ OGGI

La visione dell'università implicita nel PNRR è quella di motore di un nuovo modello di sviluppo economico, basato su un capitale umano altamente qualificato e sulla capacità di innovare a partire dalle nuove conoscenze prodotte dalla ricerca.

La Missione 4 del PNRR riguarda direttamente il mondo dell'istruzione e delle università e della ricerca nelle sue diverse componenti.

È una questione di servizi agli studenti e di infrastrutture, ma è anche una questione che riguarda il reclutamento e la formazione degli insegnanti, credo tra i peggio pagati d'Europa. Un altro importante angolo visuale è quello della inclusione educativa universitaria: gli investimenti previsti dovrebbero facilitare l'accesso all'istruzione universitaria con nuove borse di studio, e per i giovani ricercatori con l'estensione dei dottorati di ricerca, in particolare quelli sulle materie STEM.

La seconda componente, altrettanto importante per il nostro paese, riguarda la ricerca.

Con trent'anni di esperienza professionale in aziende tecnologiche e industriali, ho la certezza che abbiamo nel nostro paese alcuni tra i migliori cervelli al mondo per capacità innovative e creative. E che la collaborazione tra università e imprese sia una delle chiavi del successo. Ci mancano le risorse, che vanno potenziate per incrementare la ricerca in particolare negli ambiti che riguardano le grandi sfide del pianeta, transizione digitale, rischi ambientali, cambiamento climatico, cybersecurity, AI, agritech, mobilità sostenibile.

Ma anche scienza medica e diagnostica, farmacologia. E valorizzazione del nostro patrimonio culturale. L'elenco è molto ampio, e comprende le grandi sfide dell'umanità. Occorrono soldi, ma occorre anche un modo nuovo di fare ricerca e innovazione: ecosistemi, contaminazione dei saperi, partnership pubblico-privato, infrastrutture e laboratori.

Il figlio della mia amica Fiorenza, un vero *cervellone*, sta al MIT di Boston da alcuni anni, ben retribuito e con tutte le risorse necessarie a fare ricerca, ma con un forte desiderio di rientrare in Italia a fare il suo lavoro. Per ora non gli è stato possibile. Come lui altri giovani lasciano il nostro paese per mancanza di prospettive, esportando talento e innovazione. E faticando a rientrare, questo è il problema.

IL RUOLO DELLE IMPRESE. UPSKILLING E RESKILLING

Quando si guarda al mondo del lavoro, nonostante i maggiori sbocchi occupazionali e le più alte possibilità di guadagno che caratterizzano il settore STEM, le ragazze sembrano beneficiarne meno. L'indagine sulla condizione occupazionale di Almalaurea mostra che a 5 anni dalla laurea il tasso di occupazione è il 94,1% per gli uomini e il 90,9% per le donne. Mentre se si guarda alla retribuzione gli uomini percepiscono 1.837 euro rispetto ai 1.621 euro delle donne (+13,3%).

Mai come nel nostro tempo serve un impegno attivo e concreto delle aziende di ogni ordine e grandezza per colmare questo divario, soprattutto se consideriamo i cambiamenti che la quarta rivoluzione industriale sta introducendo già oggi nel mondo del lavoro. Intelligenza artificiale e automazione stanno già trasformando moltissime delle attuali professioni, richiedendo nuove competenze e un modo diverso di lavorare. Le donne anche in questo nuovo processo di trasformazione rischiano più degli uomini. Secondo la ricerca *When Women Thrive*, condotta da Mercer su più di 1150 aziende in 54 paesi, infatti, le donne ricoprono mediamente posizioni di lavoro più vulnerabili alla progressiva automazione del lavoro.

All'interno delle professioni STEM le donne rimangono sottorappresentate nei settori chiave per il futuro. Nel cloud computing, ad esempio, le posizioni occupate da donne sono soltanto il 12% (World Economic Forum, 2019), mentre meno del 14% dei ricercatori che hanno firmato articoli scientifici sullo sviluppo dell'intelligenza artificiale ad oggi sono donne (Nesta, 2019). Secondo uno studio condotto da Boston Consulting Group a marzo 2020, lavorare a una maggiore presenza femminile nei team di data science che sviluppano le intelligenze artificiali non è solo auspicabile, ma essenziale. Per non incorrere in risultati che finiscono per reiterare i pregiudizi e gli stereotipi che ancora esistono nella nostra società. La presenza femminile – e più in generale una maggiore diversity – nei team addetti all'elaborazione di questi algoritmi, in altre parole, contribuirebbe a prevenire questo processo grazie alla varietà di prospettive e sensibilità all'interno del gruppo. Il risultato sarebbero così delle intelligenze artificiali qualitativamente più elevate, che funzionano meglio e contribuiscono più efficacemente all'innovazione aziendale e alla crescita.

Per riuscire a colmare il gap di genere nell'ambito delle nuove professioni le aziende e le istituzioni devono percorrere almeno tre strade parallele. Serve innanzitutto uno sforzo di reskilling e upskilling tecnologico delle donne, con corsi di formazione, percorsi di inserimento specifici e contribuiti economici per incentivare i percorsi di studio e professionalizzazione in ambito tecnico e scientifico. A maggior ragione con il progressivo aumento dell'adozione di nuove tecnologie, il divario di competenze tenderà ad aumentare.

Si stima che nei prossimi dieci anni alcuni milioni di lavoratori necessiteranno di reskilling verso competenze in linea con i nuovi lavori e profili richiesti. Se non formiamo velocemente le persone alle nuove tecnologie e al valore della sostenibilità per il business, rischiamo che in Italia rimanga una percentuale elevata di lavori a basso valore aggiunto. In primis per le donne.

Per questo è necessario anche un grande sforzo di comunicazione, che mostri alle giovani le potenzialità di nuove professioni in ambito tecnologico e digitale, così che possano seguire le loro aspirazioni libere dai pregiudizi di genere. Infine, dobbiamo contribuire tutti a quel profondo cambiamento culturale di cui dicevamo, che parta dalle scuole e dalle famiglie, e che insegni alle bambine e alle ragazze non a essere perfette e adeguate a un mondo di uomini, bensì a sperimentare, a sbagliare e ad accettare l'errore, cioè quei valori che rendono efficace il metodo scientifico. Solo così potremo davvero innescare un cambiamento reale, che gioverà alla società di domani e alle organizzazioni che sapranno interpretarlo.

IMPRESE E UNIVERSITÀ: IL CASO LOOK4WARD

Quando imprese e università uniscono gli sforzi di solito nascono progetti forti, efficaci, di impatto. Metodologia scientifica e orientamento al pragmatismo sono una combinazione potente.

Elisa Zambito Marsala è una leader che crea sinergie e – come dicono gli americani – *delivera*. Noi diremmo, forse più elegantemente, che fa accadere le cose. Quelle belle e importanti.

Elisa guida un'area di Intesa Sanpaolo denominata *Education Ecosystem & Global Value Programs* il cui obiettivo è quello di gestire rapporti con università e scuole, a livello nazionale e internazionale, e sviluppare iniziative e programmi legati ai principali trend trasformativi del paese.

Tra questi, un progetto che mi piace menzionare è quello di Look4ward, l'osservatorio sulle competenze del futuro promosso da Intesa Sanpaolo con l'Università Luiss Guido Carli e Accenture. Si tratta di una piattaforma di analisi e monitoraggio dei fabbisogni di nuove competenze, di rigenerazione di competenze su ambiti distintivi per il nostro paese, nonché di profili a sostegno dei nuovi business.

La domanda di partenza riguarda le nuove competenze

o comunque quelle maggiormente richieste dal mercato del lavoro, con una declinazione – a me molto cara – su inclusione e coesione sociale, e inclusione educativa.

Sul tema inclusione di genere, Look4ward ha realizzato un interessante studio sui NEET in Italia evideniando che le donne NEET sono poco più della metà del totale, ma la distribuzione varia se si analizzano sottogruppi per classi di età, con un progressivo sbilanciamento della distribuzione a carico del genere femminile all'aumentare dell'età: la percentuale di donne che non fa ingresso nel mondo del lavoro dopo aver terminato gli studi è descritta in letteratura dall'etichetta NEET caregiver, per responsabilità familiari e costi sempre più elevati di assistenza all'infanzia.

A motivare il divario di genere vi è quindi una forte correlazione tra gestione domestica e lo status di donne lavoratrici. Tra le cause di questa situazione c'è il timore di non riuscire a conciliare vita privata e professionale, in particolare il ruolo di madre, e quindi di non poter ambire a ruoli apicali all'interno delle aziende. La ricerca evidenzia che, sebbene il tasso di occupazione femminile sia cresciuto negli ultimi anni, è ancora ampia la differenza nelle percentuali di donne occupate senza figli e donne occupate con figli – rispettivamente 77,5% contro 56,6% – un dato che ci indica come ancora oggi in Italia la nascita di un figlio rappresenti per le donne un ostacolo concreto all'avvio di una carriera professionale.

Su questo scenario non propriamente edificante si innesta un interessante studio, pubblicato nel gennaio

2024, dal titolo *Skills of Tomorrow* che identifica tre trend principali sui quali si gioca il futuro del paese: transizione green, *human centricity*, digitalizzazione.

Quali e quanti posti di lavoro è necessario creare e quali le competenze chiave su cui l'Italia deve investire, tenuto conto dei cambiamenti che stanno plasmando il mercato del lavoro con una accelerazione senza precedenti? Questi i quesiti ai quali la ricerca vuole dare risposte.

Primo tra tutti, favorire lo sviluppo occupazionale negli ambiti a maggior crescita: green, *education & health*, *e-business engineering*, *science & technology*, nei quali abbiamo la necessità di creare oltre 2 milioni di posti di lavoro entro il 2030 per colmare l'*unmet need* che emerge dal confronto con i paesi nordici modello 1, ovvero Danimarca, Svezia, Norvegia, Finlandia.

In Italia, l'attuale incidenza degli occupati in questi ambiti è pari a circa il 20% del totale degli occupati; un riequilibrio della forza lavoro orientato a equiparare i paesi nordici richiederebbe un incremento del livello occupazionale nei tre ambiti per giungere al 30% circa dell'occupazione totale entro il 2050.

Governo, istituzioni e imprese sono chiamati a un impegno senza precedenti: gettare le basi per costruire un futuro sostenibile dove la crescita sia abilitata dal lavoro.

Il valore della ricerca e delle sue evidenze sta nell'abilitare azioni concrete. Questo è il senso del programma di Intesa Sanpaolo Build Your Future che ha l'obiettivo di guidare i giovani attraverso l'approfondimento dei principali trend trasformativi dell'economia e della società, approfondendo la conoscenza delle competenze chiave necessarie.

Il programma, che ha già incontrato oltre 10.000 giovani, è dedicato agli studenti e alle studentesse delle scuole secondarie di II grado e delle università, e si snoda attraverso eventi che si svolgono nelle università di tutto il territorio nazionale. Un format flessibile, coinvolgente e interattivo con la testimonianza di esperti autorevoli e di ispirazione, così come di startup che sviluppano soluzioni innovative in linea con le principali tendenze trasformative.

Il programma riguarda anche le soft skill - quali, ad esempio, il pensiero critico, il problem solving, la creatività, la resilienza, la capacità di costruire alleanze e fare network - che diventano sempre più cruciali e strategiche per rimanere competitivi in un contesto professionale in continua evoluzione.

LA SITUAZIONE GLOBALE

Dato che, a mano a mano che si modernizzano, generalmente i paesi evolvono in una direzione egualitaria, molti potrebbero presumere che le donne nelle società più moderne, dal punto di vista economico e culturale, godano di una maggiore uguaglianza in tutti i campi. Tuttavia, ciò non vale per la loro presenza nell'ambito scientifico e tecnico. A guardare le statistiche mondiali, si scopre che i paesi più avanzati nel campo dell'integrazione femminile in ambito STEM sono gli stessi che, emergenti o già prepotentemente emersi, sono bollati dall'immaginario collettivo – occidentale – come discriminatori e misogini.

Un modo per classificare i paesi rispetto alla segregazione formativa nelle scienze sta nel confrontare il rapporto tra laureati maschi e femmine in questo settore con altri campi disciplinari. Utilizzando questo criterio gli Stati Uniti, ricchi e altamente industrializzati, si collocano circa a metà, assieme all'Ecuador, alla Mongolia, alla Germania e all'Irlanda, un gruppo di paesi abbastanza eterogeneo per quanto riguarda la condizione delle donne.

La presenza femminile nei programmi scientifici è più debole nei Paesi Bassi e più forte in Iran, Uzbekistan, Azerbaigian, Arabia Saudita e Oman – in Iran le donne laureate, indifferentemente dalla materia, sono il 49% del totale, ma questa cifra sale al 67% nelle discipline scientifiche. Sebbene i Paesi Bassi siano considerati una società avanzata per ciò che riguarda i rapporti di genere, sorprende che la presenza delle donne olandesi tra i laureati in scienze sia inferiore di quasi 50 punti percentuali a quella di molti paesi musulmani. L'equilibrio perfetto nella partecipazione femminile si trova invece in Malesia, dove le donne sono il 57% delle laureate nelle discipline scientifiche come anche in tutte le altre discipline.

Nelle famiglie delle società in via di sviluppo, invece, le preoccupazioni centrali di giovani e genitori riguardano la sicurezza economica personale e le esigenze poste dallo sviluppo nazionale. Vi sono quindi meno libertà e sostegno per la realizzazione delle preferenze specifiche di genere. Per ironia della sorte, la libertà di scelta, tanto celebrata nelle ricche democrazie occidentali, sembra favorire la costituzione di identità di genere stereotipate.

L'apparente paradosso, oltre a farci interrogare sulla fondatezza delle nostre opinioni comuni, dovrebbe con urgenza spingerci a riflettere sul pericolo che stiamo più o meno consapevolmente correndo. Lo riassume bene Paola Parente, formatrice e orientatrice italiana, sottolineando come le sfide scientifiche e tecnologiche che il mondo pone con sempre maggiore urgenza richiederanno a stretto giro il coinvolgimento più incisivo di tutte le intelligenze disponibili, quali che siano gli attributi sessuali.

Nei prossimi 15 anni, la ricerca scientifica svolgerà un ruolo chiave nel monitorare le tendenze rilevanti in settori come la sicurezza alimentare, la salute, l'acqua e i servizi igienico-sanitari, l'energia, i cambiamenti climatici e la gestione degli ecosistemi oceanici e terrestri. Le donne svolgeranno un ruolo essenziale nell'attuazione degli obiettivi dello sviluppo sostenibile, aiutando a identificare i problemi globali e a trovarne le soluzioni.

Poiché gli uomini tendono a godere di uno status socioeconomico più alto, le donne sono sia colpite in modo sproporzionato da siccità, inondazioni e altri eventi meteorologici estremi, sia emarginate quando si tratta di prendere decisioni in materia di green recovery e di adattamento (EIGE, 2012).

Le donne non sono rappresentate equamente nei settori chiave della scienza legati al cambiamento climatico. Sebbene siano abbastanza presenti in alcune discipline, tra cui le scienze della salute, le scienze agrarie e la scienza ambientale, sono decisamente una minoranza in altri settori che saranno vitali per la transizione verso lo sviluppo sostenibile, come l'energia, l'ingegneria, i trasporti, le tecnologie dell'informazione e l'informatica, quest'ultima particolarmente cruciale. Anche nei campi scientifici in cui sono presenti, inoltre, le donne sono sottorappresentate nei processi di policy making e di elaborazione di programmi di intervento.

Quando si affronta il tema della partecipazione delle donne alla ricerca nel complesso, a livello globale, ci troviamo davanti al fenomeno definito *leaky pipeline*, letteralmente *tubo che perde*. Le donne stanno attivamente portando a termine lauree triennali e magistrali, superando persino gli uomini, poiché rappresentano il 53% dei laureati.

Tuttavia, il loro numero cala bruscamente al livello del dottorato, dove sono superate dai diplomati maschi (57%). La discrepanza si allarga ulteriormente al livello della ricerca universitaria, dove gli uomini rappresentano il 72% del pool globale. L'alta proporzione delle donne nell'istruzione superiore non si traduce, quindi, necessariamente in una maggiore presenza nella ricerca.

L'assenza di donne ai vertici delle carriere scientifiche

è sorprendente, visti i progressi verso la parità di genere riscontrati in tutti i livelli dell'istruzione negli ultimi decenni. Globalmente la bilancia è persino arrivata a oscillare dalla parte femminile, anche se non in tutte le aree del mondo.

Il *maternity wall* deriva dall'aspettativa che le prestazioni lavorative di una donna saranno influenzate dal congedo di maternità, o dai permessi per prendersi cura della famiglia (Williams, 2004). In alcuni paesi, una volta che le donne hanno intrapreso una carriera scientifica, le loro traiettorie lavorative tendono a essere meno stabili di quelle degli uomini e caratterizzate da incarichi a tempo determinato e temporaneo, piuttosto che a tempo pieno (Kim e Moon, 2011). Invece di incoraggiare il lavoro flessibile, negli ambienti di lavoro e di ricerca universitari ci si aspetta che le donne si adattino e *diventino come gli uomini*.

Le valutazioni delle prestazioni accademiche sono legate al concetto di produttività, che include il numero di pubblicazioni e i brevetti d'autore, il tasso di citazioni di questi documenti e l'importo dei finanziamenti ottenuti. Nella scienza, la produttività si misura in termini di ricerca, di insegnamento e di servizio – come l'appartenenza a comitati scientifici – con la ricerca che tende ad avere il maggior peso. Le pubblicazioni in riviste di prestigio o gli atti di convegni si collocano al primo posto e l'insegnamento al posto più basso.

Recenti ricerche suggeriscono che la principale spiegazione di questa tendenza risiede nell'accesso limitato delle donne a finanziamenti e nel loro status accademico generalmente inferiore: sono meno presenti degli uomini in università prestigiose e tra i docenti senior, ovverosia proprio nelle posizioni in cui i ricercatori pubblicano di più (Williams, 2011).

Ci sono tante azioni fattibili ed efficaci che si possono mettere in pratica per stimolare le ragazze ad appassionarsi alle materie STEM; dalle più semplici, come gli incontri per la proiezione di film o clip di argomento divulgativo, a quelle più articolate, ad esempio i corsi intensivi per l'orientamento offerti da molti atenei.

Un suggerimento generale è quello di far partecipare alle attività, quali esse siano, una platea mista di ragazze e ragazzi, con una predominanza femminile: in tal modo le studentesse si sentono a loro agio, ma non inserite in una realtà che le ghettizza, mentre gli studenti imparano che le materie STEM possono essere seguite con profitto anche dalle donne.

Un'ultima questione cui vale la pena di fare attenzione è l'uso del linguaggio in senso lato: se in un progetto il testo parla sempre di studenti e mai di studentesse, le foto che lo accompagnano sono sempre di maschi che fanno esperimenti e femmine che stanno a sentire uomini che parlano, sarà difficile che le ragazze non percepiscano un messaggio di esclusione, anche se sottaciuto.

La Conferenza mondiale per l'educazione scientifica e tecnologica (ICASE) ha più volte richiamato l'attenzione sull'importanza delle discipline STEM anche per la riduzione delle disuguaglianze sociali e per l'elaborazione ed esplicitazione di interventi corretti per un reale progresso. Le discipline STEM ci permettono, quindi, non solo di avere competenze spendibili sul mercato del lavoro ma di migliorare la nostra vita. Ma quello che capiamo immediatamente è che una cultura scientifica e tecnologica è stata, in ogni caso, fondamentale in tutte le epoche storiche: c'è mai stato a nostra memoria un periodo in cui la scienza e l'inventiva tecnologica non siano state il fondamento del nostro progresso? L'aggiunta della a di Arte a STEM per creare STEAM significa incorporare il pensiero creativo per risolvere problemi complessi o andare avanti nella capacità innovativa.

Il permanere di una divisione scolastica che continui a separare materie umanistiche e materie scientifiche, porta i ragazzi e le ragazze a scelte percepite come ben distinte e sulle quali pesa spesso come un macigno lo stereotipo di genere.

Oggi stiamo affermando che le *due culture* contribuiscono entrambe alla comprensione della realtà, alla ricerca di senso, e che le innovazioni verranno da persone capaci di collegare la bellezza alla tecnica, la poesia ai bit. Uscire dalla separazione netta dei saperi significa anche superare la divisione tra materie evitando suggerimenti e consigli, la famiglia, la scuola, gli insegnanti, che spesso anche inconsapevolmente cercano di orientare le ragazze verso studi differenti rispetto ai loro coetanei.

L'orientamento alle discipline STEAM si basa su due aspetti fondamentali: il primo è *l'essere scienziati/e*, il porsi e comprendere le domande, l'affrontare problemi e saper argomentare, il secondo è saper combinare i saperi senza separazione alcuna per esprimere competenze che intervengono nel mondo fisico.

Secondo il World Economic Forum, nel dopo pandemia l'80% delle aziende sta espandendo la digitalizzazione dei processi produttivi richiedendo interventi per ridurre il digital gap. Nella descrizione dei 7 cluster professionali e delle 5 categorie di skill che definiscono i lavori emergenti dei prossimi anni, le competenze digitali e quelle *umane* si intrecciano a quelle che vengono definite soft skill e si affiancano alle competenze tecniche e di business: senza la partecipazione femminile sarà difficile superare il ritardo digitale, visti i numeri dei lavoratori richiesti nei prossimi anni.

L'associazione Donne e Tecnologie attribuisce ogni anno un riconoscimento a figure femminili che hanno saputo mettere insieme *cuore e invenzione*. E non dobbiamo sottovalutare che i 17 obiettivi di sviluppo sostenibile e lotta alla povertà dell'Agenda 2030 delle Nazioni Unite vengono sostenuti da uno sviluppo congiunto tra scienze economiche, scienze sociali e scienze ecologiche. Ecco perché i progetti che vanno nella giusta direzione sono prevalentemente quelli che mettono al centro l'empowerment, ovvero il rafforzamento delle qualità umane che possono trovare nei linguaggi le risposte etiche e tecnologiche alla visione del futuro.

L'IMPERFETTA

Se è madre, la donna è imperfetta nel mondo del lavoro ma... se non è madre, è imperfetta per la società. E non solo secondo gli uomini; questa imperfezione è figlia della cultura in cui anche noi donne siamo cresciute, l'abbiamo fatta nostra e tendiamo a confermarla. In tutti gli ambiti, professionali, familiari, amicali. Non solo. Una madre che ha grande successo professionale da qualche parte deve avere una *falla*: trascura i figli che abbandona alle tate, ha successo perché è amica di, etc. Unica soluzione? Fregarsene. Ma questa ricetta funziona individualmente, non sposta nulla sul fronte della collettività. O poco. Per quanto si possa agire da *role model* e vivere responsabilmente il successo faremo sempre i conti con la cultura dominante.

A Sanremo del 2023, in un monologo diventato piuttosto celebre di Chiara Francini, l'attrice ha parlato di se stessa come donna che in certi momenti si sente fallita, sbagliata, poiché non sa cucinare, non si è sposata e non ha avuto figli.

A ribadire lo stigma contro le donne senza figli, nel luglio del 2024, da poco nominato candidato vicepresidente del Partito repubblicano, JD Vance ha definito Kamala Harris *gattara senza figli*. È solo uno degli esempi che si possono portare, ma data la visibilità del soggetto è interessante notare come possa diventare elemento di scontro politico. Presumo con aderenza e apprezzamento di una parte dell'elettorato.

Un tema delicato, complesso e spesso divisivo. Come si può conciliare una crisi demografica conclamata con il rispetto per scelte di autorealizzazione che non contemplano la maternità? E quanto di questa autorealizzazione è il risultato di condizioni sfavorevoli? Mancanza di infrastrutture, organizzazione della scuola non al passo con i nuovi modelli familiari, carichi di cura sbilanciati, costi.

E d'altra parte, perché la maternità deve rappresentare un ostacolo o un impedimento o anche solo un rallentamento nel lavoro? La chiamano *child penalty* ed esistono fior di ricerche che ne trattano, come ad esempio del World Economic Forum, dell'Università di Princeton, della London School of Economics. Il 18% delle donne con figli, stante il carico di cura familiare, lascia il lavoro. Il 22,5% accetta il part-time involontario con ricaduta sul reddito familiare. Le mie amiche e colleghe europee – e ne conosco tante! – hanno mediamente due o tre figli, fanno carriera, condividono equamente carichi di cura familiari, hanno infrastrutture scolastiche adeguate, figli che lasciano presto il nido per spiccare il volo, detrazioni fiscali... Credo sia sufficiente a spiegare molte delle non-scelte nel nostro paese.

Molto della condizione parte anche da pregiudizi culturali. I pregiudizi sono duri a morire, perché tendiamo alla conferma delle nostre ipotesi. Molti esperimenti scientifici ci dimostrano che abbiamo nella nostra mente una *categoria uomo* e una *categoria donna* alle quali sono rispettivamente associati la produzione, il comando, la forza, la protezione; e dall'altra parte la cura, la famiglia, la delicatezza, etc.

L'esperienza in grandi aziende, così come quella in Valore D, mi hanno permesso di constatare quanta strada è stata fatta in materia di policy, iniziative e misure a favore della equità di genere e dell'inclusione, almeno nella gran parte delle imprese medie e grandi, ma molto resta da fare nel nostro paese, il cui tessuto di piccole imprese e servizi richiede una ulteriore spinta. E certamente persistono ovunque i cosiddetti *unconscious bias*.

I PREGIUDIZI INCONSAPEVOLI

Lo IAT TEST (*implicit association test*), che ha origine nella psicologia sociale, mostra che oltre il 70% dei rispondenti associa le categorie uomo/scienza e donna/arte. È una distorsione della nostra mente che ci porta a preferire le persone simili a noi. Nonostante sia ormai dimostrato che team di lavoro diversi siano più innovativi e produttivi, tendiamo a cercare copie di noi stessi.

Una esperienza con la quale molte di noi – forse tutte noi – hanno fatto e continuano a fare i conti è quella dei *gender bias*. Quando ho letto il lavoro di Joan Williams, una ricercatrice americana, è stato confortante ritrovare una così chiara modellizzazione della esperienza reale mia e di tante donne intorno a me.

Prima questione: noi donne dobbiamo continuamente fornire evidenze della nostra competenza. Non basta mai. Ho visto candidate alla promozione ripresentate di anno in anno, e una continua indecisione a promuoverle seppur a fronte di un apprezzamento condiviso. Come a dire che a parità di performance gli uomini hanno un potenziale, le donne vai a saperlo.

Altra questione, molto diffusa: una donna al lavoro, qualunque sia il suo livello di responsabilità, deve mostrarsi gentile, umile, disponibile e sensibile. Se non lo è, è una STRONZA. Una ambiziosa arrampicatrice. Poiché noi donne siamo vittime dello stesso stereotipo, siamo spesso complici di questo schema, in parte confermando le aspettative della brava ragazza, in parte aderendo al giudizio negativo sulle *diverse*. Se lui è assertivo, lei è aggressiva.

Terza questione: il *maternity wall*. Una madre competente con elevate performance è spesso valutata come una *cattiva madre* perché poco presente in famiglia a causa degli impegni di lavoro. Spesso un capo – uomo o donna che sia – non propone opportunità di carriera perché ha già deciso che quella madre non dovrebbe accettare, per il bene della sua famiglia. Trasferte, riunioni, cene di lavoro non fanno una buona madre.

Analogamente, questo *bias* colpisce anche le donne che non sono genitori; quando vengono promosse viene spesso sottolineato il fatto che sono perfette per il ruolo perché non hanno figli. Ancora un giudizio personale e non professionale.

Il quarto e ultimo è il più scomodo perché contraddice la cosiddetta *sorellanza*. È quello di *Eva contro Eva*, il conflitto tra donne che deriva dai tre bias precedenti. Tra donne genitrici e non, tra donne senior e donne junior, tra donne in ruoli di potere e donne senza potere.

«Io non voglio essere come te», diceva una giovane manager a una affermata leader durante un incontro aziendale. Voleva dire che non era disposta a sacrificare tutto per la carriera, che semmai voleva quella ma anche tutto il resto: una vita privata, una famiglia, gli amici, i viaggi e le passioni da coltivare.

Giusto. Ma occorre anche riconoscere che il sacrificio delle pioniere ha favorito, anche solo per contrasto di prospettive, una maggiore consapevolezza delle mancate opportunità, dei prezzi da pagare, del soffitto di cemento (il cristallo è trasparente, mentre quel soffitto ora si vede benissimo!). Il nuovo millennio si presenta – per fortuna – con una nuova generazione di giovani donne, brillantemente laureate, preparate e competenti, che pretendono a buon diritto una vita piena.

LA FAMIGLIA PERFETTA

Noi guardiamo al nostro mondo fuori dalla porta di casa, e vediamo almeno due idee di società a confronto: quella *tradizionale*, che tende a fissare nel tempo la stessa rappresentazione, e quella *contemporanea* che si esprime più chiaramente nel mondo della cultura, della pubblicità, della comunicazione, dei prodotti al consumatore. La nuova famiglia fluida, che è un sistema di rappresentazione della diversità. Diversità di composizione, come le famiglie arcobaleno, diversità di rappresentazione.

L'intersezionalità – fatta per esempio di genere e *body positivity* – è la nuova diversità. Piuttosto che considerare la diversità come attraente per singole categorie, i brand cercano di abbracciare più dimensioni come forme del corpo, età, orientamento sessuale e capacità fisiche diverse.

La parte di società che nel nostro paese si esprime come una maggioranza – ma che a guardare i numeri è non più di un quarto della popolazione – proclama un unico modello iconico di famiglia giusta che poi è quella *tradizionale* a tutti i costi, ossia papà mamma e due bambini, possibilmente biondi e sempre sorridenti. E questo vale anche per i manager vecchio stile, la scuola vecchio stile, etc.

Forse possiamo alzare lo sguardo per guardare oltre questi stereotipi. Esistono modelli familiari e parentali che possono sembrare distanti ma che ci raccontano di possibilità diverse, non per adottarle bensì per relativizzare le nostre verità.

Secondo il centro studi inglese sulla paternità, il Fathers Direct, i migliori papà sono i pigmei del Congo perché stanno con i propri figli il 47% del loro tempo; al secondo posto gli svedesi che dedicano al 45% mentre gli italiani sono molto più bassi in classifica perché il tempo dedicato ai figli è il 28%.

In molte culture quando arriva il momento del parto gli uomini partecipano alla nascita del neonato. In pratica simulano la gestazione e le doglie. In alcune tribù dell'Amazzonia, ad esempio, al momento del parto gli uomini simulano gravidanza e dolori, una partecipazione rituale alla nascita che gli anglosassoni chiamano *sympathetic pregnancy*.

Gli arapesh della Nuova Guinea sono monogami e rifiutano la professione di guerriero occupandosi molto dei figli. Si tratta di un tema culturale, ed esistono anche casi contrari in cui è il clan familiare della madre a comandare: in Melanesia padre e figlio/figlia non sono nemmeno legati da parentela perché la convinzione è che i figli vengano generati da uno spirito.

Poiché il padre è incerto, gli uomini hanno sempre avuto un problema di discendenza, in quanto non si manifesta naturalmente come la maternità. Ecco, perciò, che il padre-stereotipo fonda la sua legittimità su un atto di autorità e quindi diventa icona di potere: autorità e paternità si fondono l'una nell'altra.

Nuovi comportamenti si manifestano in contrapposizione a misoginia e omofobia tipici del passato. Non ovunque, non sempre, anzi talvolta assistiamo a rigurgiti di vecchi schemi, ma ci sono esempi incoraggianti. Nelle aziende, per citare un contesto specifico, valori o comportamenti radicati nel passato e molto autoritari stanno in parte cedendo il passo ad ascolto, emozioni e relazione. Lo stesso vale in pubblicità, dove vediamo modelli di uomini e di padri domestici e amorevoli. Credo che l'apertura a modelli differenti, e soprattutto lo sdoganamento attraverso il mondo della comunicazione, possa aiutare o perlomeno supportare quella nuova generazione di uomini che ambisce a realizzare un modello di vita differente, con differenti priorità e un sistema di valori rinnovato e integrato.

MAMME MANCATE, PREGIUDIZI CERTI

Nel mondo occidentale il totale delle donne che non sono e non saranno mamme raggiunge il 20%. Per quasi tutte, e parliamo del 90% dei casi, non si tratta di una scelta deliberata ma di una condizione che non è frutto della volontà della donna. La prima causa di cui dobbiamo tener conto è l'infertilità fisiologica di almeno uno dei due partner, la seconda è l'esito di una condizione sociale, il caso in cui non si trovi il compagno di vita e quindi la persona con cui dividere il ruolo di genitore.

I pregiudizi negativi sulle donne che non hanno figli continuano a essere diffusi, e scontano per giunta il paradosso di provenire in questo caso dal mondo femminile ancor più che da quello maschile. Sappiamo da anni quanto sia acuto in Italia il problema della bassa natalità; fino a cinquanta anni fa il paese raggiungeva agevolmente la soglia di sostituzione, quei 2,1 figli in media per donna che assicurano un ricambio generazionale senza perdite. Ma i numeri nel corso degli ultimi decenni sono sensibilmente cambiati, riducendosi anno dopo anno. Il *World Fertility Report* delle Nazioni Unite indica che nel quinquennio che va dal 1970 al 1975 il tasso di fertilità era di 2,32 figli per donna. Se facciamo un salto di quarant'anni, leggiamo che nel quinquennio che va invece dal 2010 al 2015 il dato crolla a 1,43. E la discesa non dà segni di volersi arrestare, negli anni ancora più vicini a noi la tendenza misurata è anche peggiore. È un pretesto utilizzatissimo per la valorizzazione e l'idealizzazione della funzione riproduttiva della donna. Peraltro, facciamo spesso i conti con la figura politica della donna mamma. In linea con questo modello, quasi dappertutto le politiche sul benessere e le libertà femminili sono minacciate da autoritarismi sanitari pro-vita, lobby e movimenti che negano l'autodeterminazione delle donne e che non si curano di metterne in pericolo anche la salute e la vita.

Abbiamo visto che, oltre a quello religioso e culturalmente conservatore, il movente è il panico causato dalla crisi demografica, che spinge ormai le politiche nazionali ed europee a ridurre sempre più il genere femminile in età fertile al ruolo di madre. Il provvedimento più tipico è l'incentivo o comunque il supporto alla procreazione. Le donne senza figli, intanto, si vedono condannate a un ruolo che le marginalizza, dipinte come figure socialmente e politicamente pericolose e mal giudicate.

Al di là dell'idea legata al ruolo naturale e dunque inevitabile di mamma che ogni donna è chiamata a rivestire, non possiamo escludere che anche questo fenomeno accentui le discriminazioni e il giudizio negativo che tocca alle donne senza figli. Un carico psicologico notevolmente doloroso lo prova chi, spesso anche per diversi anni, prova inutilmente ogni percorso possibile con l'obiettivo di diventare genitore.

Il giorno in cui si è costretti ad accettare la consapevolezza che il figlio inseguito non arriverà, il prezzo psicologico da pagare è notevolissimo. Nessuno ignora che ci troviamo in un clima culturale che senza troppi complimenti, e trascurando tante difficoltà reali, esalta la purezza necessaria della famiglia, la cosiddetta famiglia tradizionale. Spesso il giudizio sociale giunge a vedere le coppie senza figli come colpevoli di una scelta egoista, e disegna quei genitori solo potenziali come persone prive di valore e, al di là di ogni dubbio, come veri responsabili della loro condizione.

Se il 90% delle donne senza figli lo sono non per volontà propria, c'è dunque un residuo 10% che sceglie deliberatamente di non diventare genitore. È evidente che quell'istinto materno, che si dà sempre e comunque per scontato nelle donne, non sia in realtà presente in tutte nella stessa misura. C'è chi non intende modificare il proprio stile di vita, né le proprie prospettive, mettendo al mondo un bambino e dedicando una parte significativa della propria esistenza all'accudimento di un'altra vita. Si tratta semplicemente di un'attitudine diversa che implica una differente sfida al proprio destino. Del resto, anche i casi di precarietà relazionale incidono frequentemente sulla probabilità di scegliersi il ruolo di genitore. Se l'unione della coppia è fragile, spesso la donna può coltivare una comprensibile paura di ritrovarsi mamma e sola, con un carico di responsabilità presumibilmente eccessivo a causa dell'assenza del partner.

CHILDLESS E LAVORO

Alcune ricerche segnalano oggi discriminazioni anche sul lavoro per i dipendenti senza figli. Vuol dire dare per scontato che un lavoratore senza figli disponga di più tempo libero, e che quindi possa e debba dedicarne in misura maggiore al lavoro, fino ad accettare per sé i turni festivi e tutti quelli più indesiderati, in nome dell'idea che tanto lei o lui non hanno bambini da raggiungere a casa e da curare.

Malgrado resista una certa insofferenza per le questioni linguistiche, trascurandone il peso culturale, dobbiamo riconoscere che in italiano una parola che indichi una persona senza figli non esiste. Giorgio M. Ghezzi, responsabile *career, learning and development* di una società del settore aeronautico e autore del volume *No, non abbiamo figli. L'amore ai tempi dell'infertilità*, edito da Bookabook, ha recentemente spiegato a Repubblica che una volta si usava la parola *orbo*, che indica una menomazione fisica. E già questo sarebbe un prezioso spunto di riflessione.

È ben vivo anche il concetto di genitorialità mancata come una *perdita non riconosciuta* poiché per tanti anni la lavoratrice senza figli è vista soprattutto come fortunata: non ha le preoccupazioni di chi ha figli da accudire e dunque può disporre di tutto il tempo che intende dedicare a se stessa. Julia Fominova sostiene che dilaga ormai l'idea che non puoi perdere qualcosa che non hai mai avuto. Lei ha una carriera vissuta nella consulenza legale ed è fondatrice di Human Rocks, gruppo che lavora per sensibilizzare ai temi della genitorialità mancata in relazione al posto di lavoro.

La direttrice responsabile di Roba da Donne, Ilaria Maria Dondi, ha scritto tempo fa un lungo articolo in cui fa luce sul tema, e nel quale conferma che le donne senza figli sono sfruttate sul lavoro e fa notare il tema sia fulcro del quinto dei 17 obiettivi di sviluppo sostenibile dell'Agenda 2030 delle Nazioni Unite dedicato alla *gender equality*. Dondi segnala tre tipi di discriminazione che ricadono su donne senza figli impiegate nel mondo del lavoro. Intanto, se sono in età fertile possono comunque diventare madri, perciò a parità di curriculum le aziende preferiscono un candidato maschio. E alla fine la donna che non ha o che non vuole figli subisce già preventivamente una *motherhood penalty*, nelle fasi in cui può essere assunta, in cui deve firmare contratti, ma anche acquisire avanzamenti di carriera, oppure ottenere stipendi e altri benefit. La seconda penalità è lo sfruttamento che sono costrette a subire dai superiori e anche dalle stesse colleghe con figli. Lei stessa cita un articolo pubblicato dal New York Times dal titolo *Parents got more time off. Then the backlash started.* I giornalisti Daisuke Wakabayashi e Sheera Frenkel raccontano la lotta nata tra le dipendenti con figli e quelle senza di Big Tech della Silicon Valley, a proposito di permessi e di tempo libero extra concesso in particolare durante la pandemia. È nata una vera e propria contrapposizione tra madri e non, a causa del fatto che il lavoro di cura non retribuito, quello dedicato soprattutto alla casa e ai figli, ricade per l'80% sulle donne, e per questo i benefit sono stati concessi in gran parte alle madri lavoratrici. A questo punto, le dipendenti senza figli hanno protestato rilevando l'ingiustizia nei loro confronti. Nell'articolo si aggiungeva pure che il tribunale dei social le ha sommariamente condannate, accusandole di egoismo. In generale, quindi, si assume che il tempo libero di una donna che non è madre abbia un minor valore.

Esiste anche una terza penalizzazione, ricavata sostanzialmente da un pregiudizio, quello secondo cui una donna che non vuole figli è una fredda carrierista, e dunque l'azienda può chiederle anche più di quanto contrattualmente previsto. Del resto, fa ancora notare Dondi, nelle fiction televisive e nei prodotti cinematografici una donna senza figli e quasi sempre personaggio con scarsa empatia e fortemente maschilizzata. Poi alla fine, quasi sempre ci tocca il finalino moraleggiante, la donna non madre comprende i valori veri più profondi e si converte al desiderio della maternità.

La dottoressa Anna De Simone, biologa e psicologa, presenta una serie di studi che affrontano la questione legata a come le donne che volontariamente decidono di non avere figli abbiano rotto il vincolo di femminilità loro assegnato. Numerose ricerche evidenziano che: sono identificate come egoiste (Changey e Dumais, 2009); si pensa che non piacciano ai bambini (Kelly, 2009); sono viste come poco adatte, psicologicamente e socialmente svantaggiate (Changey e Dumais, 2009); sono giudicate come troppo passive e incapaci di prendere decisioni se hanno fatto trascorrere il tempo della loro fertilità biologica (Kelly, 2009). In molti casi le pressioni sociali diventano talmente forti che molte donne senza figli evitano incontri e riunioni di famiglia per non essere sottoposte a quella serie di domande che spesso nascondono disapprovazione, una specie di processo che considerano una tortura.

Ancora la dottoressa De Simone riferisce in alcuni suoi interventi i risultati di uno studio di Ruegmer e Dziengel del 2021, che ha esaminato lo stato psicologico di donne di età compresa tra i 40 e 60 anni, che avevano preso la decisione di non avere figli. A ciascuna erano toccate fortissime pressioni sociali, fino a spingerle a interiorizzare una domanda: cosa non va in me? Nasceva così in loro il dubbio di essere eccessivamente egoiste, e nasceva inoltre l'esigenza di frequentare soprattutto amicizie maschili, poiché quelle femminili erano molto spesso stigmatizzanti e inoltre puntavano i propri discorsi molto spesso sui bambini.

Un ulteriore studio condotto da Neal nel 2021, nel Michigan, su un campione particolarmente ampio, ha rilevato che coloro che hanno figli, o almeno hanno l'intenzione di farne, sono poco cordiali nei confronti di persone senza figli. Al contrario, chi non è genitore mostra lo stesso grado di cordialità verso chiunque, che abbia o non abbia figli.

Sono numerosi i motivi che spiegano il presupposto psicologico della volontà di non avere figli. Uno è il cosiddetto progetto di vita, ed è certamente la ragione più diffusa. Le attenzioni si focalizzano non su un figlio ma su lavoro o crescita personale, l'istruzione, lo sport o anche fattori differenti. Una motivazione che indica spesso desiderio di autodeterminazione, di libertà e di autonomia. Un altro è la convinzione che il mondo sia un posto terribile, tanto da scoraggiare il progetto di dare alla luce figli. Da qui nasce in molti casi addirittura l'idea che fare un figlio sia una scelta egoistica. Di solito queste persone pensano con insistenza alle piaghe che affliggono il pianeta: le pandemie, le guerre, i crimini, il clima. Un terzo motivo che la dottoressa De Simone enumera è il timore di essere poi una mamma non all'altezza. Si tratta spesso di donne che non hanno avuto una esperienza personale positiva come figlie; poco amate, poco valorizzate, ancora bisognose di un amore che non credono di poter offrire ad altri, specialmente a dei figli.

Un ulteriore motivo è la difficoltà per alcune legata agli stenti quotidiani, e al timore procurato dalle ristrettezze economiche della propria condizione. Un figlio è innegabilmente un costo che alcuni ritengono di non poter fronteggiare, e che preferiscono perciò non sobbarcarsi.

CAMBIARE LE REGOLE DEL GIOCO

QUOTE SÌ, QUOTE NO

Nel 2012 lavoravo nel gruppo General Electric come direttrice della comunicazione di GE Capital, la divisione finanziaria. Ai tempi GE era il più grande conglomerato al mondo, e più di altre realtà si occupava attivamente da decenni di *women empowerment*, dentro e fuori l'azienda.

Quell'anno si presentò una nuova possibilità: l'opportunità di finanziare un grande progetto sul tema *women empowerment* a patto di trovare una idea creativa, originale e convincente. Un progetto rivolto alle donne della business community italiana.

Era l'anno della legge Golfo-Mosca, una legge a termine che definiva delle quote percentuali crescenti in seno ai consigli di amministrazione di aziende quotate e pubbliche. Una legge volutamente temporanea che cercava di sfondare la resistenza al cambiamento e all'inclusione. Pensai che fosse quella la novità a cui guardare. Serviva un'idea forte, un progetto concreto e dei partner con cui metterlo in atto.

L'intuizione mia e della hr leader di GE Capital fu quella di costruire una sorta di academy, un percorso di alta formazione rivolto a donne che aspiravano a entrare nei consigli di amministrazione. Un'idea anche provocatoria; l'intento era quello di spostare l'attenzione sulle donne che si preparavano a un incarico che gli uomini continuavano a ottenere per cooptazione, status, relazioni.

Avere una buona idea non basta: occorre sempre riuscire a metterla in pratica. Serviva un partner che, per competenza e capacità di mobilitazione, sviluppasse l'idea e la trasformasse in un progetto da attuare e portare avanti nel tempo. Valore D fu la soluzione vincente. Alessandra Perrazzelli, l'allora presidente, l'alleata straordinaria grazie alla quale In the Boardroom ha avuto inizio.

Il progetto è stato felicemente portato avanti nel decennio successivo, con alternanza di protagonisti: Linklaters, Egon Zehnder, poi Borsa Italiana e DLA Piper, e a distanza di un decennio dalla sua nascita, In the Boardroom è a tutti gli effetti *the place to be* e ha formato oltre 500 donne.

Da alcune edizioni, che risalgono alla mia presidenza di Valore D e dunque per mio disegno, include una quota minoritaria di uomini. Una decisione che non è piaciuta a tutte, e ne ho preso atto. Da parte mia credo che i tempi siano maturi perché al concetto di azienda inclusiva si lavori insieme. Perché la mia idea di inclusione non è mai *contro* qualcun altro.

Nel frattempo, cosa ne è stato della legge e dei suoi risultati? Intanto ricordiamo cosa prevedesse. Il 28 giugno 2011, il Parlamento italiano approvava la legge Golfo-Mosca, che imponeva quote di genere nei consigli di amministrazione e collegi sindacali delle società quotate in Italia. La pubblicazione nella Gazzetta ufficiale risale al 12 agosto 2011 e la sua applicazione inizia un anno dopo.

La norma prevedeva che il genere meno rappresentato nei consigli d'amministrazione e nei collegi sindacali delle società quotate in borsa e delle società a controllo pubblico ottenesse almeno il 30% dei membri eletti (L120/2011). Alla sua entrata in vigore la legge fissava la quota al 20%, portata poi a 30% nel 2015. A dicembre 2019, un emendamento alla legge di bilancio 2020 ha prorogato le disposizioni previste dalla Golfo-Mosca, che sarebbe altrimenti scaduta nel 2022, e innalzato la quota di genere al 40% per i cda e i collegi sindacali delle società quotate. La commissione nazionale per le società e la borsa (CONSOB), è chiamata a vigilare sull'attuazione del sistema di quote e pubblica le analisi svolte in merito nel report annuale sulle società italiane quotate. Se una società non rispetta i criteri stabiliti per la composizione del cda o del collegio sindacale, la CONSOB procede alla diffida. In caso di continuo inadempimento, segue una sanzione e un'ulteriore diffida e, nel caso in cui la società non rimedi, si procede al decadimento dei membri eletti.

A proposito dell'emendamento, nel 2019 fui invitata a partecipare all'audizione indetta dalla Commissione finanze del Senato per esprimere il mio parere, come presidente di Valore D, su una possibile proroga della legge. L'Italia si trovava al settantesimo posto nella classifica Global Gender Gap del World Economic Forum, fanalino di coda tra i maggiori paesi avanzati e all'ultimo posto tra i paesi industrializzati. Se si esaminano però i dati relativi alla presenza del genere femminile nei consigli di amministrazione, l'Italia risultava seconda tra i paesi dell'Unione Europea con una percentuale pari al 36,4%, dopo la Francia.

Il nostro paese non è stato l'unico in Europa a prevedere un intervento normativo per lo sviluppo di una cultura aziendale più inclusiva. Norvegia, Svezia, Spagna, Francia e Germania hanno introdotto norme per una maggiore inclusione. L'Italia è stata tra i primi paesi a adottare una legislazione ad hoc che a otto anni dalla sua approvazione ha portato risultati positivi ed efficaci soprattutto dal punto di vista quantitativo.

Partecipare a una audizione presuppone di portare un contributo alla decisione, mi sono quindi posta le due domande importanti: la legge ha esaurito il proprio effetto? Ha corretto la condizione per la quale era stata approvata? Certamente in termini numerici la risposta è affermativa. E anche per alcuni aspetti qualitativi: in base ai dati dell'osservatorio SMART Boards le donne hanno contribuito ad abbassare l'età media – 52 contro il 59 degli uomini – e ad apportare profili internazionali così come un livello di istruzione post-laurea.

Tuttavia, non mi sentivo di essere altrettanto ottimista su altri elementi. Restavano – e restano ancora – alcuni aspetti da migliorare come la parità di remunerazione e la tipologia di incarico in dipendenti non executive. Infine, nonostante moltissimi studi testimonino che la diversità porta benefici economici e di performance, non si è ancora sviluppata in modo diffuso una consapevolezza aziendale che promuova in ruoli esecutivi il talento, a prescindere dal genere.

Sono stata e sono ancora favorevole alla proroga, che non deve essere considerata un fallimento, semmai un periodo utile e necessario per perseguire un obiettivo più ampio: un obiettivo culturale. Per rendere naturale un processo, per creare una consuetudine e dar vita a un cambiamento culturale, sono necessarie tempistiche lunghe. La proroga della legge ha il compito di guidare e accompagnare le aziende nella formazione di una nuova cultura.

Nel frattempo il mondo vicino a noi va avanti. La Women on Boards Directive è stata approvata in Spagna nell'estate del 2024.

La legge spagnola è infatti stata pubblicata il 2 agosto 2024 e sarà applicabile non solo alle società quotate in borsa, ma anche ai tribunali, ai governi, all'amministrazione statale generale, alle associazioni professionali e alle società non quotate considerate di interesse pubblico. Questo rappresenta un ambito di applicazione sorprendentemente ampio.

Le società quotate dovranno garantire una rappresentanza paritaria di entrambi i sessi – minimo 40% – a livello di consiglio di amministrazione, con processi di selezione adeguati a prevenire la discriminazione. A livello di ruoli esecutivi è fissato un obiettivo di rappresentanza del 40%, con il principio di *comply or explain* per i casi di non conformità. Questo doppio requisito va oltre la direttiva dell'UE.

La Commissione del Mercato dei Valori Mobiliari spagnola e l'Instituto de las Mujeres monitoreranno il rispetto, con la non aderenza classificata come *infrazione grave*.

Le prime 35 società per capitalizzazione di mercato dovranno raggiungere il 40% a livello di consiglio di amministrazione entro il 30 giugno 2026, mentre le altre società quotate hanno un anno in più per conformarsi. Le entità di interesse pubblico devono raggiungere un obiettivo del 33% entro il 30 giugno 2026 e del 40% entro il 30 giugno 2029.

Non male, direi. Questa legge apre soprattutto a un tema *sensitive* per le aziende, come già affrontato dalla legge Rixain in Francia, ossia quello di andare a intervenire sui ruoli esecutivi.

La *Loi n° 2021-1774 du 24 décembre 2021 visant à accélérer l'égalité économique et professionnelle*, cosiddetta *loi Rixain*, dal nome della presentatrice della relativa proposta di legge, comprende misure per la vita quotidiana delle donne e per una maggiore parità tra donne e uomini nelle scuole, nelle aziende e nell'imprenditoria.

Un tema molto divisivo nel mondo delle imprese è che introduce nuove quote per le posizioni dirigenziali di grandi aziende. Le aziende con più di mille dipendenti dovranno avere una quota del 30% di donne quadri-dirigenti e membri degli organi direttivi a partire dal primo marzo 2026, per poi raggiungere la quota del 40% a partire dal primo marzo 2029. Le aziende avranno al massimo due anni per rispettare tale ultima quota, pena una sanzione pecuniaria.

Perché divisiva? Perché le imprese tendenzialmente non vogliono imposizioni e interferenze nella gestione delle proprie persone. La persona giusta nel ruolo giusto, senza forzature legislative.

Con attenzione all'inclusione, certo, almeno nelle imprese *illuminate* ma con mano libera dall'imposizione di quote. Questo principio ha un limite, e cioè la lentezza del cambiamento. Non forzare il meccanismo, attendere una evoluzione naturale richiederà anni e anni.

Mi addentro per un attimo nella questione, che l'avvocato della difesa chiama *merito*. Non si può derogare ai principi di meritocrazia nel nome di percentuali. Giusto.

Però... invito a riflettere su cosa sia la meritocrazia, che sembra essere un insieme di principi asettici e oggettivi, ma che in effetti è definita e applicata da uomini.

Ricordo ancora un fatto accaduto tanti anni fa quando un vecchio capo mi disse: «Tu non hai le palle!» per intendere che non ero abbastanza aggressiva secondo i suoi discutibili parametri. Questa sua lettura naturalmente aveva il potere di influenzare negativamente la valutazione della mia attitudine manageriale, e quindi un impatto su carriera e denaro. Una piccola storia per segnalare che se di merito vogliamo parlare, dobbiamo sederci intorno a un tavolo, donne e uomini, e ridefinirlo.

Tutto è soggetto a interpretazione umana, perciò se utilizziamo un unico modello di riferimento faremo poca strada per costruire un mondo più inclusivo.

NE SARAI CAPACE?

La curiosità e l'esplorazione di nuovi spazi sono state le mie preziose alleate nel superare paure di fallire e senso di inadeguatezza. Dopo un triennio come consigliera di Valore D avevo una idea precisa di quale avrebbe potuto – dovuto? – essere il triennio successivo. Così, a dispetto dei soliti dubbi che la mia vocina interna adora sollevare, ho deciso di metterci la faccia.

Lavorando su due piani: contenuti e relazioni.

Il primo mi viene piuttosto facile, per me il massimo è definire un obiettivo e costruire la strada per arrivarci. È quello che faccio anche nel mio lavoro, costruire piani strategici di posizionamento e attuarli. Qualche mese fa ho fatto un test di personalità insieme ai miei colleghi del comitato esecutivo e indovina, è venuto fuori che al primo posto ho l'indicatore *futurist*. Nessuna sorpresa, ho avuto tempo per imparare a conoscermi un po' meglio.

Si trattava in questo caso di definire la *roadmap* triennale per presentare la mia candidatura. Quali sfide, quali obiettivi prioritari e quale strada per raggiungerli.

Il secondo piano, quello delle relazioni, mi viene facile solo in apparenza. Perché nasco timida e introversa, nonostante questa dichiarazione abbia fatto sorridere molti, perciò lo slancio che mi serve per connettermi agli altri e per coinvolgerli è maggiore di quanto possa sembrare.

Qualcuno ha detto che per tenere il cervello acceso occorre trovarsi sempre nuove sfide. Io aggiungo che il fascino di mettersi alla prova e fare nuove esperienze è impagabile. Avevo capito che la curiosità di cui sopra aveva vinto sulla paura di fallire.

Eletta a fine giugno 2019, trascorse le vacanze estive, mi sono messa la lavoro. C'era intanto da conoscere e soprattutto comprendere la macchina Valore D. Che a suo modo è una piccola impresa, con fatturato, dipendenti e 350 imprese associate. I famosi cento giorni e siamo arrivati a Natale 2019. E poi, a fine febbraio dell'anno successivo, la tragedia. La pandemia, il primo lockdown. E una organizzazione da tenere in piedi.

Pivoting lo chiamano gli anglosassoni. Ossia virare velocemente una strategia al variare del contesto. È quello che abbiamo fatto Barbara Falcomer, la general manager, e io. Pensando alle aziende associate e pensando alle persone del team che dipendevano dalla nostra capacità di mantenere Valore D rilevante nonostante la situazione.

Ce l'abbiamo fatta. Abbiamo virato decisamente al digitale, creato nuovi servizi e nuove iniziative. Ci siamo aperte al mondo, a quello non associato, per fare la nostra parte. Una impresa che resterà scolpita nella mia memoria.

In parallelo, una congiunzione astrale favorevole ha scatenato un intenso lavoro con le istituzioni. Che era nel mio programma e nei miei obiettivi ma che è stato superato nei fatti dalla realtà.

Piano strategico per le pari opportunità del Governo, audizioni a Camera e Senato, leadership del G20 Empower. Ne parlo in altri capitoli, perciò, non mi dilungo oltre tranne che per ribadire che Valore D era diventata l'interlocutore privilegiato delle istituzioni in materia di inclusione e pari opportunità. Se lo meritava, per tutto il lavoro svolto dal team, per la qualità dei contenuti, per l'estensione dell'esperienza, per la passione di ogni singola persona. Le presidenti vanno e vengono ma la squadra di Valore D è quella che mantiene il punto e spinge sempre un po' più avanti la linea di traguardo.

LA CERTIFICAZIONE DI GENERE

Quante discussioni in seno a Valore D sul tema di una legge di parità! Eravamo tutte e tutti consapevoli che una norma avrebbe aiutato ad accelerare l'adozione di misure inclusive su una più ampia scala.

L'Inclusion Impact Index messo a punto da Valore D con il Politecnico di Milano, alcuni anni fa, aveva inteso fornire un primo strumento concreto per misurare l'efficacia delle misure introdotte dalle singole aziende sulle quattro direttrici fondamentali: *governance, attraction, retention, development*. Un mezzo veloce anche per confrontarsi rispetto al mercato di riferimento e per verificare la propria posizione nei confronti dei competitor.

Ma tutto troppo lentamente. Una velocità di crociera che ci farebbe approdare alla parità in un secolo abbondante da oggi. Come provare a dare una accelerazione? Anche grazie all'evoluzione degli anni più recenti, una spinta dovuta a motivazioni diverse: reputazione, consumatori, investitori, mercato globale, valori aziendali.

Qualunque fosse la motivazione prevalente poco importava, stavano succedendo cose buone. Soprattutto si era passati in un decennio da una sorta di *moral suasion* – l'inclusione è importante e bisogna occuparsene – alla definizione di obiettivi misurabili. Numeri e percentuali con cui confrontarsi anno dopo anno per comprendere eventuali scostamenti e introdurre dei correttivi.

La pandemia – con le sue tragedie – è stata paradossalmente il contesto favorevole nel quale è maturata, sotto la spinta della pressione sociale, economica e politica, l'approvazione della legge sulla certificazione della parità di genere. Riportando in prima pagina un problema cronico come quello dell'occupazione femminile, provocando la perdita di migliaia di posti di lavoro nei settori più fragili, ha generato una scossa positiva.

La legge n. 162/2021 – promossa dall'allora ministra per le Pari Opportunità e la Famiglia, Elena Bonetti – prevede a partire dal primo gennaio 2022 la certificazione della parità di genere sul posto di lavoro per eliminare il divario di retribuzione tra uomini e donne.

Viene istituito l'obbligo per le aziende con più di 50 dipendenti di redigere un rapporto sulla situazione del personale maschile e femminile in ognuna delle professioni e in relazione allo stato di assunzioni. Questo rapporto deve essere compilato e trasmesso dalle aziende alle rappresentanze sindacali aziendali entro il 31 dicembre, ogni due anni.

Nel caso in cui il datore di lavoro non ottemperi a tale obbligo sono previste sanzioni e verifiche ad opera dell'Ispettorato nazionale del lavoro, le quali verranno introdotte con specifici decreti ministeriali.

La vera novità della legge 162/2021 è, però, l'introduzione della cosiddetta certificazione di genere, una certificazione volontaria che le aziende possono richiedere, agli organismi accreditati, per attestare la conformità dell'organizzazione ai principi di parità tra i generi, in materia di retribuzione e condizioni di carriera. Le aziende che ottengono la certificazione sono esonerate dal versamento degli oneri contributivi, per un valore pari all'1% sui contributi e fino a un massimo di 50.000 euro annui. Con decreto del 29 aprile 2022 il ministero delle Pari Opportunità ha recepito la norma UNI/PDR 125:2022 quale standard di riferimento per la verifica dei parametri necessari per l'ottenimento della certificazione. Il processo di certificazione richiede una verifica della prassi aziendale con riferimento a sei aree determinate: cultura e strategia, governance, processi hr, opportunità di crescita e inclusione, equità remunerativa, tutela della genitorialità e conciliazione vita-lavoro. Per ciascuna area sono indicati degli specifici *key performance indicators*, calibrati su quattro livelli dimensionali dell'impresa: microimprese (da 1 a 9 addetti), piccole imprese (da 10 a 49 addetti), medie imprese da 50 a 249 addetti), grandi imprese (da 250 addetti e oltre). La norma UNI/PDR richiede in ogni caso a tutte le organizzazioni, a prescindere dal livello dimensionale, di definire un piano d'azione e un sistema di gestione idonei a garantire nel tempo i KPI presupposti della certificazione.

Si poteva fare di meglio? Si può sempre fare meglio. Ma si poteva fare molto peggio, ossia nulla. Perciò, a voler vedere il bicchiere mezzo pieno, la legge costituisce un ulteriore passo avanti. Credo d'altra parte che il mondo delle imprese, e mi riferisco alle grandi imprese che per vocazione, risorse, cultura e reputazione, sono sicuramente alcuni passi avanti alle PMI, debbano fare la loro parte in una logica di filiera virtuosa. È stato così per esempio su compliance, sicurezza e salute, etc. Può e deve accadere anche per l'equità di genere. Coca-Cola, ad esempio, è stata tra le prime aziende ad aver introdotto l'elemento dell'inclusione tra gli indicatori di valutazione per i propri fornitori. E sempre più aziende stanno adottando questa politica all'interno della propria filiera di fornitori.

LE EQUILIBRISTE

È il titolo del report annuale di Save the Children (maggio 2023) che analizza la condizione della maternità in Italia. Un report che restituisce un'analisi della situazione italiana: il declino demografico, il vissuto e le condizioni lavorative delle donne madri, i divari di genere nella cura familiare e le politiche a sostegno della genitorialità.

In Italia, anno dopo anno, si registrano sempre meno nascite. Il 2023 ha sancito il minimo storico delle nascite in Italia, per la prima volta i nati sono largamente scesi sotto la soglia delle 400.000 unità, per l'esattezza 379.000. Discesa che continua da undici anni consecutivi. Le dinamiche connesse alla bassa fecondità sono molteplici. Ci sono elementi strutturali, come il calo dimensionale e il progressivo invecchiamento della popolazione nelle età convenzionalmente considerate riproduttive. Ci sono poi altre questioni, strettamente legate alla fragilità del mercato del lavoro per i più giovani, che rendono difficile la pianificazione della genitorialità.

Anche il mercato del lavoro sconta ancora un gap di genere fortissimo. Secondo Eurostat, nel 2023 nel nostro paese ha lavorato solo il 56,5% delle donne tra i 20 e i 64 anni, a fronte del 70,2% della media. Il tasso di occupazione maschile è al 76% (80,5% in Europa). Il divario con le donne è di 19,5 punti, quasi il doppio della media europea (10,3%). Pesano anche le differenze geografiche, nel Mezzogiorno lavorano solo 4 donne su 10 con figli.

Per quanto attiene ai dati sulle dimissioni volontarie e risoluzioni dei rapporti di lavoro di lavoratrici madri e lavoratori padri, nel 2021 il 72% (37.662) delle dimissioni si riferiscono a donne. La motivazione più frequentemente segnalata alla richiesta di recesso del rapporto di lavoro continua a essere la difficoltà di conciliazione della vita professionale con le esigenze di cura dei figli, indicata dal 65,5% delle madri.

Nella *Relazione annuale sul 2023* di Banca d'Italia, presentata il 31 maggio, il governatore Fabio Panetta parlando della questione femminile e dei dati di occupazione ha ribadito la difficoltà nel nostro paese di conciliare lavoro e carichi familiari. Esortando tra l'altro a introdurre misure volte a promuovere una diversa organizzazione del lavoro tra quello in presenza e quello a distanza.

Ha inoltre sottolineato l'importanza di intervenire sul piano fiscale, che spesso disincentiva il lavoro femminile, rivedendo il sistema di detrazioni che disincentiva al lavoro il secondo percettore di reddito in famiglia, quasi sempre la donna.

Per sostenere la genitorialità occorre dunque intervenire in modo integrato su più livelli. Occorre potenziare il sostegno economico alle famiglie con minori. Allo stesso tempo è indispensabile garantire ai più giovani l'autonomia abitativa e condizioni lavorative dignitose. I pochi bambini che nascono oggi dovrebbero poi vedere assicurato l'accesso ai servizi educativi per la prima infanzia così come alle cure pediatriche.

A livello globale, il lavoro di cura non retribuito è svolto per il 75% dalle donne. In media, nel mondo, le donne trascorrono il doppio del tempo rispetto agli uomini in attività domestiche e quasi cinque volte in attività legate al lavoro di cura delle persone.

In Italia, una delle disparità più pronunciate è la sproporzione nel tempo dedicato al lavoro di cura e al ruolo genitoriale. Un dato per tutti: la percentuale di donne con almeno un figlio che non ha mai lavorato per prendersene cura è pari all'11%, rispetto ad una media europea del 4%.

Questi numeri fanno riflettere su quanto sia urgente puntare a una maggiore condivisione dei compiti, per liberare il potenziale e il talento femminile e agire sul fronte culturale, promuovendo un cambiamento a favore di un modello paritario che possa ispirare le future generazioni.

LA METÀ DELLA STORIA

Negli ultimi anni stiamo assistendo al proliferare di classifiche, un costume importato dalla cultura americana che tende a fare ranking un po' di tutto. *Unstoppable Women, Forbes, Fortune, La Repubblica delle Donne* sono alcune delle testate più note che le pubblicano.

Obiettivo è dare visibilità alle numerose professioniste che in diversi settori di attività si sono distinte nell'anno precedente. Perché hanno acquisito un ruolo di potere, perché hanno contribuito al progresso, perché sono state paladine di cause sociali, e così via. Interessante è la classifica di *Unstoppable Women* perché di anno in anno aumenta la numerosità. L'elenco, rigorosamente in ordine alfabetico per nome, cresce progressivamente con l'intento di dare evidenza che la squadra femminile si amplia e si rinforza.

Di contro, abbiamo assistito proprio nello stesso periodo, a grandi mobilitazioni contro i cosiddetti *manel,* ossia eventi e conferenze con rappresentanza maschile al 100%. Nei casi migliori con una donna nel panel a dimostrazione del *politically correct.*

Alcune aziende hanno introdotto policy che vietano la partecipazione attiva di propri manager a dibattiti nei quali non ci sia una equa rappresentanza di genere, altre aziende e associazioni hanno promosso campagne di sensibilizzazione. Ancora oggi conferenze, tavole rotonde e in generale eventi in Italia appaiono fortemente sbilanciati, essendo rappresentati principalmente da una sola voce. Significa che ci perdiamo la metà della storia in termini di diversità, informazione, cultura, prospettiva, crescita. Eventi che offrono una sola prospettiva di genere quando l'obiettivo è quello di approfondire e discutere un tema.

Il persistere di questo fenomeno è direttamente correlato a due fattori, uno culturale e l'altro numerico. Nel primo caso la consuetudine culturale, diffusa ben oltre i nostri confini nazionali, è l'omogeneità gerarchica degli ospiti: tutti amministratori delegati o presidenti, per esempio. Va da sé che in un paese con il 3% di amministratrici delegate utilizzare questo criterio significa escludere quasi completamente le donne dagli eventi di alto livello. Forse potremmo cominciare a considerare altri criteri, come la competenza, il merito, ma anche l'intersezionalità generazionale. Per portare prospettive più ampie, più ricche. Più creative. Intanto che lavoriamo per un potere maggiormente condiviso, anche ai livelli più alti della piramide.

LE INVISIBILI

Un discorso a parte meritano le donne over 50. Si tende a parlarne poco, invece stanno diventando una porzione sempre più importante del mercato del lavoro in Italia. Sono donne che hanno molta esperienza e professionalità, di cui si sa pochissimo.

Vengono definite anche come la *generazione sandwich* sulla quale grava sia il carico di cura dei genitori anziani sia quello dei figli. Secondo l'ISTAT nella fascia di età tra i 45 e i 64 anni, in 6 casi su 10 sono le donne a svolgere questo compito. La ricerca *Talenti senza età* di Valore D ci descrive queste donne over 50 alle prese con la difficoltà di conciliare l'ambito lavorativo e quello familiare/extra-lavorativo.

Con ambito lavorativo intendiamo il tempo e l'organizzazione del lavoro, l'autonomia decisionale, il grado di comprensione delle esigenze personali/familiari da parte dell'azienda, lo stipendio e le condizioni economiche in generale. Con l'ambito familiare ed extra-lavorativo ci riferiamo all'adeguatezza dei servizi di cura per minori o anziani, al costo dei servizi di cura, all'aiuto del partner e della rete parentale, alla organizzazione e gestione delle attività dei figli. Le donne riscontrano difficoltà di medio livello in entrambi gli ambiti con una leggera prevalenza di difficoltà in ambito lavorativo. E comunque maggiori difficoltà degli uomini.

La conciliazione vita-lavoro è strettamente connessa al livello di inquadramento: le donne con elevate difficoltà in ambito lavorativo sono soprattutto quadri e impiegate, che una volta diventate senior vivono la difficoltà di un avanzamento di carriera a causa dell'età.

Il benessere professionale viene valutato attraverso alcuni indicatori: l'interesse e la cura che l'azienda mette in atto per il benessere dei dipendenti; l'autonomia nello svolgimento del proprio lavoro; il riconoscimento del proprio contributo professionale; l'identità organizzativa. In generale il supporto aziendale non è percepito come soddisfacente, le donne over 50 si sentono discriminate nel loro ambiente lavorativo, percependo di essere trattate in maniera sfavorevole dai colleghi e dall'azienda perché donne e perché *anziane*.

Se è vero che queste donne sono piene di potenzialità per le organizzazioni è anche vero che in questa fase della vita sperimentano cambiamenti e transizioni che modificano radicalmente i loro equilibri. Molto spesso queste transizioni portano con sé nuovi carichi di cura: malattie dei genitori o del coniuge, lutti, nascita di nipoti. Le donne si trovano quindi a fronteggiare nuove richieste nell'ambito extra-lavorativo e dover ridefinire un equilibrio nella loro conciliazione tra vita e lavoro. Queste transizioni, a differenza della maternità, sono spesso invisibili alle organizzazioni anche se rappresentano momenti ugualmente sfidanti nella vita di una donna. A questo punto si delineano due scenari. Da una parte quelle donne che possono contare su un ampio capitale sociale sia lavorativo che familiare e che abitano in contesti organizzativi caratterizzati da un clima positivo, non discriminante e con frequenti scambi intergenerazionali: queste sono le donne che restano attive nel lavoro. Dall'altra abbiamo invece le donne che si trovano ad affrontare in solitaria un difficile equilibrio tra casa e lavoro in un ambiente professionale percepito come relazionalmente povero, ostile e poco attento ai bisogni di conciliazione: sono queste le donne che si smarriscono e che non riescono a mantenersi come risorse attive nelle organizzazioni.

La fotografia emersa da questo studio consente di tracciare alcune indicazioni operative. Innanzitutto, l'*age management* andrà declinato con attenzione differenziata rispetto al genere. Molte delle sfide cruciali per le donne in questa fase della vita risultano specifiche del vissuto femminile.

BENVENUTE AL SUD

DISOCCUPAZIONE UGUALE SUD

Pugliesi, calabresi, siciliani, campani. Sono i ragazzi e le ragazze che nei miei trent'anni di carriera ho incrociato, sia a Roma sia a Milano. Trasferiti da casa, per costruirsi un futuro professionale, a caro prezzo. Non foss'altro per il costo della vita nelle grandi città con stipendi che nel nostro paese non crescono.

Insomma, non certo una decisione facile; ma una scelta necessaria. Con rare eccezioni di piccola imprenditorialità, anche molto creativa e innovativa, non c'è alternativa. Deve essere orribile, amare una terra, la propria terra, e non poter restare. Perché non c'è futuro. A vent'anni!

Una nuova luce di speranza si è accesa con il PNRR. La clausola del 40% prevede infatti che le amministrazioni centrali coinvolte nell'attuazione del PNRR assicurino che almeno il 40% delle risorse allocabili territorialmente, a prescindere dalla fonte finanziaria di provenienza, sia destinato alle regioni del Mezzogiorno.

Penso in particolare, ma non solo, alle donne. Nel Sud del nostro paese il tasso di occupazione femminile si attesta al 34% – rispetto al 51,4% nazionale – e si distanzia di ben 25 punti percentuali dal tasso di occupazione maschile, pari al 59%, pur sempre più basso di 10 punti percentuali rispetto al corrispondente dato nazionale.

Le laureate meridionali, infatti, sono le uniche che arrivano al 60% di tasso di occupazione, più vicino a quello delle donne del Nord (oltre il 70%). In soldoni, differenze tra diverse aree del paese si sommano a differenze sociali in un intreccio che risulta letale per tutto il Mezzogiorno. Tra le caratteristiche negative che contraddistinguono il panorama economico italiano, risalta dunque la sovrapposizione di una sorta di *questione femminile* all'interno del mercato del lavoro con la più tradizionale *questione meridionale.*

È l'incrocio diabolico, Sud e donna. La condizione femminile nel mercato del lavoro che si sovrappone all'antichissima questione meridionale. Per capire l'entità del problema, affidiamoci anche qui a un po' di numeri.

I dati ISTAT riportati da *Il Sole 24 ore* e relativi al secondo trimestre 2023, raccontano che in Italia la distanza tra uomini e donne è minima (4,3 punti) tra i laureati del Nord e diventa invece massima (30,5 punti) tra chi ha un basso livello di scolarizzazione e risiede nel Mezzogiorno. Naturalmente, la questione femminile dipende in modo notevole anche dagli impegni legati alla famiglia: sempre nel secondo trimestre 2023 il tasso di occupazione delle donne tra i 25 e i 49 anni è di poco superiore all'83% nelle situazioni in cui la donna vive sola, scende al 76,2% se vive in coppia e non ha figli, crolla invece al 60,2% se ha figli. Complessivamente, il tasso di occupazione del segmento che va dai 25 ai 49 anni si muove da un minimo di 22,9%, registrato tra le madri del Sud con basso titolo di studio, a un massimo di 97,0% registrato invece tra le donne laureate che vivono da sole nelle regioni del Centro. Ci sono poi differenze di genere nella qualità del lavoro. Più di un quarto delle donne (il 27,2%) si possono considerare precarie dal punto di vista lavorativo: si tratta soprattutto di dipendenti a tempo determinato, che vivono l'impossibilità di procurarsi un lavoro a tempo pieno, e dunque sono costrette ad accettare il cosiddetto part-time involontario. Se rivolgiamo il focus sugli uomini, ci accorgiamo che la quota dei lavoratori vulnerabili per motivi analoghi scende al 15,6%. Questo fenomeno ha tratti notevolmente più marcati nelle regioni meridionali per entrambi i generi (35,2% le donne e 21,4% gli uomini), al Sud anche la differenza tra donne e uomini è più ampia. Questa debolezza, e con essa il divario di genere, diminuiscono quando aumenta il livello di istruzione: tra coloro che hanno al massimo la licenza media, la quota dei lavoratori vulnerabili è al 36,7% per le donne e al 18,5% per gli uomini, una differenza di 18 punti percentuali che si riduce a 12 punti tra i diplomati (27,4% e 15,3%, rispettivamente) e a 9 punti tra chi ha invece almeno una laurea (20,7% e 11,3%). Numeri che mostrano piuttosto chiaramente come il livello di istruzione incida in misura determinante per le donne sulle possibilità di partecipazione al mercato del lavoro, poiché ne influenza sia l'entrata sia le stesse opportunità lavorative.

Teniamo presente che queste distanze sono con buona probabilità anche sottovalutate, se consideriamo il modo in cui la disoccupazione viene calcolata. La disoccupazione resta a livello zero fino a quando nessuno dichiara di essere alla ricerca di lavoro, può aiutarci di più, dunque, il tasso di occupazione, cioè il conteggio non di chi offre il proprio lavoro, ma di coloro che già lavorano.

L'Italia resta ultima in Europa in quest'ambito. I lavoratori hanno raggiunto nel corso del 2023 un tasso di occupazione, relativo all'età tra i 20 e i 64 anni, che si è attestato al 66,3%, distante quasi 10 punti dalla media UE, che raggiunge invece il 75,4%. L'Italia avrebbe anche fatto segnare un aumento superiore a quello della media europea, con un incremento di 1,5 punti rispetto ai 0,9 dell'Unione, ma se allarghiamo lo sguardo a ciò che è avvenuto negli ultimi dieci anni, l'Europa ha raggiunto risultati molto migliori, con una crescita di 9,1 punti confrontata con i 6,9 punti dell'Italia. Inoltre, restiamo indietro nei numeri relativi all'occupazione femminile. In questa fascia tra i 20 e i 64 anni, in Italia lavora solo il 56,5% delle donne, rispetto al 70,2% della media UE. Il tasso di occupazione maschile è al 76% (80,5% in UE). Il divario con le donne è quindi di 19,5 punti, all'incirca il doppio della media UE (10,3%).

Con il 56,5% di donne occupate tra i 20 e i 64 anni, restiamo lontanissimi soprattutto dalla Germania (77,4%) e dalla Francia (71,7%), e comunque distanti quasi dieci punti anche dalla Spagna (65,7%). Il gap di occupazione tra uomini e donne in Italia è di 19,5 punti, il peggiore dopo la Grecia (19,8 punti); su questo fronte la Spagna si ferma a 10,2, la Germania a 7,7 e la Francia a 5,5. Rispetto al 2022 si rileva un calo di 0,2 punti, e se invece torniamo indietro fino al 2009, vediamo che c'è stata una flessione del gap di 3,9 punti. In questo stesso periodo, nella media UE il divario sull'occupazione tra uomini e donne si è ridotto di 3,1 punti.

In assoluto, Eurostat ci dice che le regioni europee con il più alto tasso di disoccupazione sono la Campania (47,3%), la Calabria (47%) e la Sicilia (46,2%). Sono dati definitivi relativi al 2022. In cima alla classifica c'è invece la regione di Åland in Finlandia, con l'89,7% di occupati, seguita dalla regione di Utrecht nei Paesi Bassi, con l'85,1%, stessa quota della regione di Stoccolma in Svezia.

La Calabria, regione in cui risiede all'incirca il 3,1% della popolazione italiana, secondo le elaborazioni ISTAT del 2022, partecipa al PIL solo con l'1,83% sul totale. L'Italia ha prodotto nel 2021 un PIL di 1.782 miliardi di euro, appena 32,7 di questi provengono dalla Calabria. Pensate che la Lombardia nel 2021 valeva 405,3 miliardi di PIL, il Veneto 164,4, l'Emilia-Romagna 163,7. Il prodotto interno lordo del Settentrione si è attestato al 56,6% dell'intera Italia, testimoniando ancora una volta la generalizzata arretratezza economica di Sud e Isole. E veniamo invece ai numeri piccoli e piccolissimi del Sud. La Calabria è indietro rispetto a tutte le altre, con 32 miliardi, superata dalla Sardegna (34,5 miliardi) che pure conta oltre 250.000 residenti in meno, ed è al pari con l'Abruzzo, che di abitanti ne conta quasi 600.000 in meno. Sempre dai dati ISTAT del 2021, si vede che la Calabria ha il PIL pro capite più basso d'Italia, attestato su un valore di 16.168 euro. Un record negativo, con la Campania poco più su a 18.321 euro, la Puglia a 18.209, e la Sicilia a 17.003. E dobbiamo confrontare tutto questo con i 44.054 euro di PIL pro capite della provincia autonoma di Bolzano. Le nostre medie nazionali scontano proprio questo divario. Misurati al Nord e in alcune regioni del centro, molti parametri sono in linea con quelli europei, in alcuni casi anche migliori, ma se andiamo sui dati aggregati, misurati dunque sull'intero territorio, le medie subiscono la zavorra dei disastri del Mezzogiorno. Sul conto degli asili nido che accolgono bimbi fino a tre anni, i dati ci raccontano di un valore medio nazionale di 27 posti per ogni 100 bambini, che resta piuttosto lontano da quel 33% che nel corso della Conferenza di Barcellona l'Unione Europea indicò a se stessa allo scopo di sostenere una buona armonia tra la vita familiare e la vita lavorativa, soprattutto per ottenere una più diffusa partecipazione femminile al mercato del lavoro. E puntualmente l'ISTAT ci dice che il Nord è in effetti a un passo da quell'obiettivo fissato al 33%, mentre il Mezzogiorno è fermo a un desolante 14,5%, e la Calabria bloccata su un terribile 11%. Qui diventa chiaro il rapporto tragico che esiste tra qualità delle strutture del territorio e possibilità di ricerca di lavoro per le donne. Naturalmente, non può esserci dubbio che mettere al mondo figli sia per le donne del Sud un robusto disincentivo alla partecipazione al mercato del lavoro, molto più di quanto non avvenga in altre aree del paese.

LA FORBICE DEGLI STIPENDI

Altra palude ben nota è il *gender pay gap*, ben distribuito sulla penisola, secondo i dati diffusi dal cosiddetto BES, l'indice che misura il benessere equo e sostenibile e che si serve dei rilevamenti ufficiali emessi dell'INPS. Per gli stipendi delle donne, rispetto a quelli dei colleghi maschi in Italia (in termini di retribuzione fissa annua lorda) la differenza va dai circa 3.000 euro agli oltre 16.000 in meno, dipende dall'inquadramenTO.

Il *gender pay gap* si era ridotto fra il 2017 e il 2019, ma ha ripreso a crescere e ha raggiunto il 10% nel 2022. La tendenza all'aumento del divario si è poi stabilizzata su una media del 10,7% sul finire del 2023. Questo è ciò che ci dice ODM Consulting, che aggiorna a settembre 2023 la sua indagine periodica sull'evoluzione delle retribuzioni in Italia.

Dicevamo dell'inquadramento, che ovviamente è correlato con il livello di studi conseguito. Le laureate in Italia sono il 23,5% rispetto al 17,1% dei laureati. Il divario aumenta in particolare nella fascia d'età fra 25 e 34 anni, dove le donne con un diploma di laurea sono il 35,5% contro il 23,1% degli uomini. Malgrado ciò, il tasso di occupazione femminile resta inferiore a quello maschile (57,3%

contro 78%): quello tra le laureate è del 18,4% superiore a quello delle diplomate, e quest'ultimo è del 25,8% più elevato delle donne che hanno la licenza media. Nel suo report 2022 sui livelli d'istruzione e sui ritorni occupazionali, ISTAT segnala un paradosso e indica che:

Nel Mezzogiorno, i vantaggi occupazionali dell'istruzione sono maggiori rispetto al Centro-Nord; in particolare le donne residenti nel Mezzogiorno che raggiungono un titolo terziario aumentano considerevolmente la loro partecipazione al mercato del lavoro e riducono il divario con gli uomini e con le donne del Centro-Nord. Ciononostante, i tassi di occupazione nel Mezzogiorno restano molto più bassi che nel resto del paese e quelli di disoccupazione molto più alti, anche tra chi ha un titolo di studio elevato.

Al di là dello storico disequilibrio nei parametri economici, cos'altro ostacola in modo specifico le donne del Sud al cospetto del mondo del lavoro? C'è intanto una indiscutibile disparità di genere, una zavorra culturale che il Sud continua a scontare in misura maggiore rispetto al Nord: le donne meridionali spesso affrontano discriminazioni di genere che limitano in modo determinante le opportunità di lavoro e di carriera. Va poi tenuto conto della bassa partecipazione nel mercato del lavoro, anch'essa frutto di fattori sia culturali sia strutturali.

D'altra parte, non è trascurabile il problema dei settori tradizionali, poiché le donne nel Sud possono essere concentrate in settori come l'agricoltura e il lavoro domestico, ambiti lavorativi che nella gran parte dei casi offrono salari bassi e scarsissime opportunità di crescita professionale. E del resto, il legame inscindibile tra donne e settori tradizionali continua a essere la causa del cosiddetto *care burden*. Molte donne del Sud del paese sono costrette ad affrontare il peso delle responsabilità familiari, la cura dei figli e degli anziani, fattore che ovviamente limita la loro disponibilità al lavoro.

La carenza di strutture nel Mezzogiorno risulta un limite notevole per le donne non solo a causa dei pochi asili nido e delle unità di assistenza, ma anche per la difficoltà della mobilità geografica. Spostarsi e viaggiare al Sud è molto meno agevole che in altre zone del paese, e questo fatalmente pesa soprattutto sul mondo femminile, che vede ulteriormente ridotte le opportunità di trovare lavoro. Senza contare gli ostacoli decisamente più alti che una donna deve superare se costretta a spostarsi per lavoro in altre regioni.

UNA STORIA DI POSSIBILITÀ

Matera all'imbrunire è ancora più magica. Un presepio costellato di mille luci che incanta i visitatori. È qui che trascorriamo una bellissima serata io e Laura, la mia ospite. Laura di cognome fa Tosto, e mai cognome fu più azzeccato. Perché lei è proprio tosta. La sua è una storia di competenza, intelligenza e anche di coraggio. Dopo la laurea in Bocconi, e un grande amore per Milano, sceglie di ritornare al suo territorio di origine piuttosto che restare e cogliere una delle opportunità professionali che le si offrono. Una scelta non facile perché è una super fan della mia città, la difende sempre ed è felice di poter ritornare spesso. Ma ha fatto una scommessa diversa, che ha vinto. Parliamo di oltre vent'anni fa, Laura era giovanissima, ma ha saputo combinare le scelte di studi fatte con le nuove opportunità di mercato da cui nasce Datacontact. Ho visitato le due sedi di Matera, ma ce ne sono altre in Basilicata, Puglia e Sicilia che occupano oltre 1.200 tra dipendenti e collaboratori. Si respirano famiglia e professionalità insieme, una chimica rara. Le persone hanno fatto a gara per spiegarmi il loro lavoro, i processi e i KPI, gli standard richiesti. E tutto con quel senso di ospitalità e apertura che lungi dall'essere uno stereotipo caratterizza quella parte di Italia. Una società che ha potuto valorizzare tante competenze inespresse in un territorio con poche opportunità lavorative. E un consiglio di amministrazione al femminile.

Chiedo a Laura se sente una qualche forma di responsabilità verso il suo territorio. Mi risponde che la prima cosa che una imprenditrice del Sud può fare per la sua terra è quella di essere di esempio e mettere a disposizione parte del proprio tempo. Sono tante le esperienze di successo imprenditoriale nel Sud che hanno dimostrato come l'eccellenza possa essere raggiunta attraverso l'impegno e la caparbietà di credere nel proprio progetto, nonostante le condizioni di contesto, in particolare quelle infrastrutturali e culturali, non aiutino nel percorso di avvio di una nuova iniziativa imprenditoriale o di un suo consolidamento.

Laura ha le idee molto chiare. Non si tratta di costruire una immagine di eccezionalità o peggio ancora di trasferire la sensazione della necessità di super poteri per poter riuscire nel fare impresa al Sud. Le difficoltà ci sono e fanno parte del bagaglio quotidiano di qualunque imprenditore, con qualche peso in più per chi sceglie di farlo in aree territoriali meno fertili dal punto di vista economico, ma non devono rappresentare una barriera all'ingresso o un freno nei confronti di nuove potenziali imprenditrici nel racconto della complessità e della fatica che si possono incontrare. Occorre sicuramente disporre di una buona capacità di organizzazione e un impegno continuo nel coltivare le opportunità per la propria impresa, ma senza bilanciarle attraverso la rinuncia a tutti gli altri aspetti della propria vita. «Comunicare, attraverso il racconto di esperienze concrete, che si può essere brave imprenditrici senza contemporaneamente dover rinunciare al proprio spazio di vita personale, da dedicare alla famiglia o ai propri interessi, è il miglior modo per sconfiggere lo stereotipo della irraggiungibilità del ruolo di imprenditrice.» Laura ha una ricetta magica: il suo lavoro le richiede – le consente? – di viaggiare molto. Milano e Roma, ma anche altre grandi città italiane. Si nutre di questo tempo, perché le consente di scambiare, incontrare, cogliere spunti. Che valorizza e mette a frutto nel suo tempo stanziale, a Matera, in azienda.

C'è di più, ne abbiamo parlato in un altro capitolo. Si tratta di esercitare la condivisione delle buone pratiche, senza il timore di perdere il proprio vantaggio competitivo, ma anzi fungendo da stimolo affinché altre realtà economiche, e soprattutto quelle che condividono la medesima area territoriale, possano crescere insieme dal confronto. «Se una medaglia si conquista, quel riconoscimento non va soltanto esposto e celebrato, ma deve diventare un nuovo obiettivo più sfidante per l'impresa che l'ha ottenuto e contemporaneamente un traguardo per altre realtà. Il Sud ha tante eccellenze, ma ancora poco coraggio nel rappresentarle e nel confrontarle con le esperienze più note di altre aree territoriali. Occorre stimolare un dialogo competitivo più ambizioso e più consapevole dei tanti punti di forza inespressi che le aree del Sud ancora oggi hanno e che possono rappresentare una grandissima opportunità di sviluppo. L'innovazione digitale, che rompe e annulla tante barriere fisiche e infrastrutturali, può essere la chiave per agevolare questo cambiamento.»

Per non farsi mancare niente – ma come fa?! – è presidente del Comitato Basilicata di Komen.

È una organizzazione in prima linea nella lotta ai tumori al seno, fondata in Italia nel 2000 come primo affiliato europeo della Susan Komen di Dallas per sensibilizzare, sostenere le donne che vivono l'esperienza del tumore e potenziare la ricerca, la formazione permanente e l'educazione alla salute.

Ogni anno si organizza la Race for the Cure, la più

grande manifestazione al mondo per la lotta al tumore al seno. Ovviamente, grazie ala leadership di Laura, la corsa passa anche da Matera e mentre sono in città si stanno ultimando gli ultimi preparativi dell'edizione 2024.

Nello spirito della condivisione e della messa a sistema di buoni esempi e buone esperienze, Laura guida dal giugno 2022 il Comitato Sud e PMI di Valore D con l'obiettivo di diffondere le buone pratiche in aree territoriali che si sono dimostrate in passato meno pronte all'adozione di modelli organizzativi realmente inclusivi, ma che sono oggi più aperte e collaborative, oltre che consapevoli dei gap esistenti rispetto a organizzazioni dimensionalmente più grandi e collocate in aree geografiche più dinamiche e fertili nello scambio culturale. Il suo incarico segna un passaggio importante per una associazione storicamente milanocentrica e romacentrica. Una porta verso il Sud, le sue peculiarità e anche, diciamolo, i suoi ritardi. Una visione che Laura condivide con Cristiana Scelza, attuale presidente di Valore D che sta terminando proprio in queste settimane il suo mandato triennale, fieramente donna del Sud. E che io sottoscrivo: se non allarghiamo il raggio di influenza e di condivisione non esporteremo modelli positivi da grandi gruppi e aziende multinazionali.

Il cambiamento culturale è già parzialmente in atto, ma mostra dei segnali ancora troppo timidi per dimostrare con i fatti un cambio di passo significativo. È per questo che occorre coltivarlo e innestare su questo substrato nuovi strumenti concreti di crescita professionale e di supporto allo sviluppo non solo di imprese a guida femminile, ma di competenze manageriali forti. Progetti che partono dall'incontro con i ragazzi delle scuole, ad esempio, e che tendono a rompere gli stereotipi sul genere ancora molto presenti nel nostro paese. Le nuove generazioni sono più pronte e consapevoli, ma spesso poco ambiziose e propense al rischio, mi dice Laura. «Occorrerebbe investire sulla consapevolezza delle loro potenzialità e competenze, sulla capacità di poter pensare in grande e innovare. Sarebbe altresì fondamentale fornire un supporto concreto per favorire iniziative autonome al termine del proprio percorso di studi, anche valorizzando le specificità del proprio territorio di appartenenza.»

A MIA IMMAGINE

A me piace Emma Marrone. In effetti non la conosco personalmente, diciamo che mi piace la sua comunicazione. Quello che dice e come lo dice, senza filtri. È tosta. Attaccata sui social, ribatte punto su punto. Consapevole dell'effetto benefico che può avere sulle più giovani, che sono spesso anche le più fragili e vulnerabili.

Un esempio è questo. All'edizione 2022 di Sanremo, in seguito alla sua esibizione canora, un blogger, Davide Maggio, pubblica sulle sue pagine web un giudizio che non si sofferma sulla canzone e nemmeno sull'esibizione, ma solo su caratteristiche presunte del suo corpo, precisamente sulla gamba della cantante, che definisce *importante*. E con quella gamba, sentenzia, non si dovrebbero mettere le calze a rete. Evidentemente qualcuno sente il bisogno di rimettere in gioco il vecchio stereotipo sulla donna e sul suo abbigliamento, su cosa il suo corpo le dia il diritto di indossare e cosa invece le neghi questo diritto.

La cantante decide di cogliere al volo la questione e di

replicare con un video sui suoi canali social. Non difende se stessa, sembra piuttosto voler lanciare un allarme e un aiuto a milioni di ragazze che per difendersi hanno meno strumenti di quanti ne abbia a disposizione lei. Sceglie di presentarsi nella versione più immediata e semplice di sé, non è nemmeno truccata. Saluta tutti dicendo di sentirsi nel Medioevo e parte con una attenta indicazione data alle ragazze che la leggeranno. Il messaggio è semplice: vestitevi come vi pare, quali che siano le gambe che avete.

Probabilmente ci siamo caduti tutti, qualche volta con il ruolo del carnefice e qualche altra con quello della vittima. E se è capitato, è capitato con probabilità più alta nel corso dell'adolescenza, quando si è parte del *gruppo*. Magari pensando di fare solo una battuta, uno scherzo divertente. Con l'aiuto dei numeri globali che fornisce l'UNICEF, scopriamo però che non si tratta affatto di uno scherzo, ma di un comportamento che procura ferite e dolori profondi, in alcuni casi addirittura vittime. Il *body shaming* è diventato una componente decisiva e diffusa di quell'universo di comportamenti che contribuiscono al malessere intimo degli individui. E le interazioni via social hanno purtroppo dilatato, e soprattutto modificato, i confini del problema. Non tanto se consideriamo in termini assoluti la gravità di questi comportamenti, e nemmeno delle ferite che sono in grado di infliggere, ma per il fatto che oggi ciascuno è esposto a una quantità potenziale di *body shaming* mai conosciuta prima. Un tempo questa forma di crudeltà si esprimeva solo all'interno del gruppo, attraverso un'interazione diretta, oggi ha aggiunto la possibilità di diffondersi via web. I cosiddetti leoni da tastiera si avvalgono di una modalità indiretta, scagliandosi contro un'immagine, una foto, un video, sentendosi in diritto di scatenare in modo ancora più violento il proprio bisogno di offendere, di degradare l'altro. È l'amara evoluzione del bullismo in ciò che ormai da anni si definisce cyberbullismo.

Se traduciamo tutto questo nei numeri raccolti dall'UNICEF che registrano il disagio mentale, in particolare dei giovani, scopriamo un mondo di difficoltà che ha dimensioni insospettabili. I dati diffusi nel 2022 dicono che un adolescente su sette di età compresa fra i 10 e i 19 anni soffre a causa di problemi legati al suo benessere mentale. La metà di questi insorge entro i 14 anni di età e i tre quarti si sviluppano prima dei 24 anni. E sappiamo purtroppo che il suicidio è la quarta causa di morte per i giovani tra i 15 e i 19 anni.

Se indaghiamo l'atteggiamento diffuso a proposito dell'immagine del corpo maschile e di quello femminile – andando a rivedere le ricerche del passato – scopriamo che la gran parte non si preoccupa di distinguere tra i generi quando giunge alle proprie conclusioni sull'immagine corporea. Oggi invece sono numerose le ricerche che studiano i modi diversi con cui ciascuno dei due sessi vive e tratta la propria immagine. Va anche chiarito che una parte preponderante delle ricerche recenti è stata condotta analizzando in particolare la percezione che uomini e donne hanno del corpo femminile.

Fino a oggi, la ricerca sembra dimostrare che la questione dell'immagine del corpo maschile e del corpo femminile è piuttosto simile in uomini e donne, e che molte caratteristiche sono comuni. Donne e uomini, ragazzi e ragazze, possono condividere ciascuno dei fattori di rischio che riguardano l'autopercezione del corpo, e quindi le conseguenze che può procurare la sensazione di un'immagine corporea negativa. Gli studi (Hargreaves e Tiggemann 2006) indicano comunque che i maschi ne sono colpiti un po' meno gravemente rispetto alle femmine. Nel 2010, Brennan, Lalonde e Bain hanno condotto uno studio comparato su come l'insoddisfazione dell'immagine corporea viene vissuta in ciascuno dei sessi. I partecipanti hanno valutato le reazioni dell'immagine corporea in base a una serie di possibili condizioni: *quando mi trovo con persone attraenti dell'altro sesso*, oppure *quando l'argomento di una conversazione tocca l'aspetto fisico*, e anche *durante certe attività ricreative*. In queste circostanze, sia gli uomini sia le donne hanno riferito di aver provato emozioni negative, tra *qualche volta* e *abbastanza spesso*. È una dimostrazione che uomini e donne sono insicuri nella stessa misura a proposito dei loro corpi nei casi in cui l'idea di corpo si confronta in modo diretto o indiretto nel corso delle interazioni sociali.

È innegabile, tuttavia, che l'immagine del corpo maschile si differenzi dall'immagine del corpo femminile in modi numerosi ed evidenti. I dati raccolti da Burlew e Shurts nel 2013 ci dicono che gli uomini sembrano essere più inclini ai disturbi alimentari atipici e all'abuso di sostanze rispetto alle donne. Secondo quanto rilevato da Brennan, Lalonde e Bain nel 2010 e poi da Burlew e Shurts nel 2013, sempre gli uomini tendono a restarsene più silenziosi riguardo alla negatività del proprio corpo, cercano meno frequentemente delle cure e comunque tacciono più a lungo rispetto alle donne, probabilmente a causa di una forma di diverso pudore sociale. In compenso, le donne interiorizzano di più, vivono sensibilmente più degli uomini la vergogna del corpo e una maggiore sensibilità nei confronti del proprio aspetto.

Alcune ricerche (Muth e Cash 1997; Doyle e Engeln 2014) trovano che gli uomini siano in genere più soddisfatti del proprio aspetto fisico e meno propensi delle donne a mostrare comportamenti di trasformazione del corpo.

Altre (Doyle e Engeln 2014) sottolineano invece il fatto che in realtà gli uomini lottano ancora con l'immagine del corpo: sostengono che gli uomini vengono sorpresi soprattutto a sentirsi troppo magri o troppo grassi in relazione a quello che è interpretato come l'ideale fisico maschile.

L'immagine del corpo maschile tende in effetti a essere più fraintesa dell'immagine di quello femminile. Partiamo dal presupposto che gli uomini siano preoccupati in particolare dalla percezione della assenza o carenza di muscoli, e in realtà l'immagine del corpo maschile può essere decisamente più articolata e complessa. Per le donne è del tutto centrale invece la preoccupazione continua per il peso.

Un'immagine negativa del corpo femminile è più diffusa rispetto a un'immagine negativa del corpo maschile? Non sappiamo se si tratti solo di una sensazione: alcuni ricercatori sostengono che le donne siano semplicemente esposte a un numero più alto di situazioni sociali in cui rischiano di sentirsi insoddisfatte del proprio corpo, per questo i dati finirebbero col dirci che le donne hanno un problema di insoddisfazione relativo a se stesse più evidente (Brennan, Lalonde e Bain 2010).

IL PROCESSO MATHERS

All'inizio di novembre del 2017, la modella americana di *Playboy* Dani Mathers viene accusata da un tribunale degli Stati Uniti del reato di violazione della privacy in seguito a quello che possiamo considerare del vero e proprio *body shaming*, ossia una foto che ha scattato a una donna di 70 anni nuda nella sua palestra, nel luglio del 2016.

Mathers non si è limitata a scattare la foto, ha voluto anche pubblicarla sui suoi social, commentandola come inguardabile.

Quel post fa in poche ore il giro del mondo e cattura milioni di visualizzazioni, e questo scatena la classifica bufera da web. In tanti trovano la foto un argomento divertente, proprio come chi l'ha postata, tanti altri si scagliano invece violentemente contro Mathers. Ne nasce un tale uragano di commenti da costringerla a un nuovo post con il quale fa ammenda, si scusa per il messaggio precedente, adducendo un errore di invio e ribadendo la sua distanza dal *body shaming*. La bufera però prosegue e nelle ore successive Dani Mathers è costretta a scrivere ancora annunciando di prendersi una pausa a fronte dell'orribile gesto compiuto.

È il procuratore della città di Los Angeles, Mike Feuer, a sporgere denuncia contro la Mathers.

Secondo gli esperti di questioni giudiziarie, è piuttosto atipico che un procuratore si occupi di faccende del genere, ma Feuer dichiara ai cronisti del *Los Angeles Times* che la formalizzazione dell'accusa è necessaria per inviare un messaggio. Feuer spiega che il *body shaming* può avere conseguenze dolorose anche a lungo termine per le vittime; mina il rispetto verso se stessi e promuove l'idea tossica che il nostro aspetto fisico debba aspirare a un ideale di perfezione che non esiste.

Se è vero che il *body shaming* di per sé non è un crimine lo è invece violare la privacy altrui per attuarlo. Quindi tolleranza zero.

In seguito all'incriminazione subita, la modella si scusa per il suo comportamento e per tutto ciò che la sua foto ha provocato. In base all'accusa rischia fino a sei mesi di reclusione e una multa di 1.000 dollari. Alla fine, la corte la condanna a ripulire una volta a settimana per un mese i graffiti sulle mura della città, in più a un regime di libertà vigilata della durata di 36 mesi e a versare alla settantenne apparsa nella foto 60 dollari di risarcimento. Il giudice chiarisce che la cifra consentirà alla donna di comprare un nuovo zaino e non essere riconosciuta per quello apparso nella foto di Dani Mathers.

Si tratta di una vicenda che ha riguardato una modella famosa e che ha conquistato grande spazio sui media, prima americani poi europei. Ma purtroppo il *body shaming* è un fenomeno tutt'altro che nuovo per le donne.

Anche l'Europa ha avuto i suoi tristi casi di leader che più volte hanno disprezzato il corpo femminile. Così come gli Stati Uniti che – un esempio per tutti – si sono ritrovati a un tratto con Donald Trump, allora al suo primo mandato, autore di diversi commenti dispregiativi sulle donne e sul loro aspetto. Un fatto che si è verificato non solo nel corso della sua esperienza politica, ma in numerose occasioni della vita pubblica di Trump. E ritorna immancabilmente con il suo secondo mandato.

Tutto questo è anche il risultato di ciò che per decenni i media hanno diffuso e promosso, pubblicando immagini decisamente poco reali a proposito di come dovrebbe apparire il corpo femminile. Un gioco perverso nel quale hanno un loro ruolo pure cinema e televisione.

E oggi siamo costretti ad accorgerci che negli ultimi anni i social media hanno portato il *body shaming* a un livello nuovo, diverso dalle caratteristiche avute nel passato.

Attualmente, una qualsiasi adolescente è sommersa di continuo da immagini di corpi perfetti proposti dai suoi social media. In più, esiste tutto un universo, altrettanto centrale, in cui queste immagini vengono commentate, spesso con toni che si distaccano da quella rappresentazione fasulla e pericolosa. Quindi, non si può negare che proprio i social, che spesso come abbiamo visto sono amplificatori del problema, contengano anche importanti anticorpi e indicazioni per difendersi dagli attacchi del *body shaming*.

Possiamo riprendere proprio il caso Mathers, che è un esempio illuminante. Se da un lato possiamo citarla come vicenda nella quale è stato praticato del *body shaming* su una donna, è anche vero che potremo ricordarlo come il caso in cui i commenti conseguenti alla pubblicazione di quella immagine hanno restituito piena consapevolezza a Dani Mathers, che in fretta si è resa conto di quanto grave fosse l'errore che aveva commesso. O che, per convenienza, è corsa ai ripari ma in ogni modo ha potuto fare esperienza della reazione della rete.

È un segnale che ci consente di valutare le reazioni collettive e l'impatto dei social, non necessariamente come elementi che produrranno un esito negativo.

Per fortuna, sono numerose le aziende e i volti celebri che si sforzano ogni giorno di modificare la narrativa che si è imposta a proposito di quelli che sarebbero gli standard accettabili del corpo femminile.

Non dimentichiamo che la questione chiama in causa non faccende legate alla vanità ma al benessere e alla vera e propria salute mentale e fisica delle donne.

Purtroppo, è definitivamente consolidata l'idea secondo cui una donna magra è una donna convenzionalmente carina, dunque è ciò a cui ogni donna dovrebbe tendere. Tutto quello che resta fuori da questo severissimo perimetro non è apprezzato e non è degno.

Claire Mysko, amministratore delegato della NEDA,

la National Dating Disorders Association, ha affermato che le riviste scandalistiche sono grandi sostenitrici della macchina del *body shaming*. E ne è un esempio la pubblicazione di foto di celebrità che mettono in risalto e deridono la loro cellulite. Si assiste in sostanza a una sorta di sdoganamento del linguaggio del *body shaming* da parte dei mass media.

Secondo Crystal Karges, direttrice dei contenuti e dei social media di Eating Disorder Hope, la questione non è trattata molto meglio dalla tv che fa dei personaggi in sovrappeso un oggetto di battute nelle sitcom televisive.

Uno dei risvolti più drammatici, in molti casi conseguenti al *body shaming*, sono i disturbi alimentari, che ovviamente hanno molte cause.

Chi lotta con un disturbo alimentare è influenzato da molti fattori diversi tra loro, inclusi quelli di natura biologica e ambientale, e il *body shaming* può essere parte di questa equazione.

Secondo la Mysko il *body shaming* favorisce l'amplificazione di pensieri negativi che influenzano direttamente i disturbi alimentari.

I numeri raccolti da NEDA mostrano che nei soli Stati Uniti 20 milioni di donne e 10 milioni di uomini soffrono di un disturbo alimentare clinicamente significativo in qualche fase della loro vita. Disturbi che includono l'anoressia nervosa, la bulimia nervosa, il disturbo da alimentazione incontrollata o un altro disturbo specifico dell'alimentazione.

Grazie al rapporto diffuso da Beat, un ente di beneficenza che si occupa dei disturbi alimentari nel Regno Unito, oggi sappiamo che il 65% delle persone con disturbi alimentari affermano che il bullismo ha contribuito in modo determinante alla loro condizione. Lo stesso sondaggio ha rilevato anche che il 49% degli intervistati aveva meno di 10 anni quando ha cominciato a subire pratiche di bullismo, e molti hanno dichiarato che gli effetti sono poi rimasti attivi fino ai 40 e anche ai 50 anni.

Di questi, soltanto il 22% dice di aver ricevuto un aiuto concreto che permettesse di superare gli effetti del bullismo.

Un profilo doloroso del *body shaming* è rappresentato dal segmento di età all'interno del quale colpisce più duramente. Parliamo ovviamente soprattutto di adolescenza e preadolescenza. Skuola.net ha recentemente realizzato una ricerca denominata *Domande scomode sull'adolescenza*, che ha fatto luce su molti aspetti del problema qui in Italia. I risultati dicono che quasi nessuno degli oltre 6.000 ragazzi partecipanti, di età compresa tra 10 e 17 anni, sono o sono stati risparmiati da commenti negativi legati al loro aspetto fisico. Anzi, un ragazzo su tre dichiara che questo tipo di attacchi rappresenta una parte notevole di ciò che avviene nella quotidianità.

La ricerca ci informa che nel 60% dei casi gli attacchi provengono proprio da coetanei, il che complica notevolmente quell'universo di relazioni nel quale, come dicevamo, spesso si è contemporaneamente martiri e carnefici. In ogni caso, vittime o responsabili di una questione che peggiora dolorosamente il rapporto con il proprio corpo e dunque più in generale con se stessi.

Non trascuriamo il fatto che i social sono comunque anche i protagonisti di iniziative che promuovono l'accettazione di ogni forma di corporeità, come la *body positivity*, cioè la valorizzazione della persona che prescinde totalmente dall'aspetto fisico, o come la *body neutrality*, cioè la capacità di fermare l'attenzione non più sull'aspetto estetico ma su quello funzionale del nostro corpo. In più, dobbiamo registrare le numerose campagne scatenate contro il *body shaming* e contro ogni forma di bullismo.

Sono del resto numerosissime le pagine e i gruppi che dedicano a questi temi le proprie attività. Naturalmente, le rivelazioni di molti influencer e celebrità che parlano dei commenti offensivi ricevuti, spesso con caratteristiche di evidente bullismo, contribuiscono a un percorso di trattamento del problema, poiché eliminano dalle convinzioni dell'adolescente l'idea che l'influencer sia una figura esente da difetti.

Le conseguenze del *body shaming* rappresentano un notevole problema clinico e sociale. L'insoddisfazione nei confronti del proprio corpo conduce un adolescente su quattro a provare vergogna quando è nudo anche se si trova da solo, e uno su tre a provare una forte condizione di disagio se deve mostrarsi senza indumenti al cospetto di altri.

È evidente che la sofferenza viaggi, perciò, su un doppio binario, quello individuale del rapporto con il sé e quello di tipo sociale che chiama in causa le relazioni.

Spesso è del tutto assente la consapevolezza nei confronti di questi fenomeni. Anche quando subiscono *body shaming*, quasi sempre le vittime non hanno alcuna idea a proposito del modo in cui reagire, non sanno quanta rilevanza vada in realtà riservata a chi porta i suoi attacchi con ferocia, e trascurando del tutto la sensibilità altrui. Solo negli ultimissimi tempi la scuola offre le prime timide indicazioni a proposito dei comportamenti opportuni da tenere, del modo in cui difendersi, e anche delle iniziative legali che esistono a tutela di chi subisce bullismo e cyberbullismo.

Sarà fondamentale che non solo la copertura delle famiglie e delle figure adulte di riferimento continui a lavorare proprio sulla consapevolezza, ma che si rafforzi quel sostegno che i pari, gli adolescenti, possono garantirsi a vicenda.

SPORT FEMMINILE E BODY SHAMING

Un ambito ulteriore in cui il *body shaming* si manifesta è quello dello sport femminile, dove la denigrazione per l'aspetto fisico è ormai una costante anche a livelli di eccellenza. Spesso le atlete sono esposte a diversi tipi di discriminazione per il proprio corpo dovuto a condizioni fisiologiche o a *difetti* fisici che, secondo una linea di pensiero abbastanza comune, sarebbero un impedimento o addirittura motivo di vergogna per chi pratica sport.

Il corpo femminile è soggetto a *body shaming* soprattutto quando si tratta di vere e proprie campionesse. Lo sport ad alti livelli, infatti, richiede un aumento notevole della massa muscolare, e a seconda della disciplina la muscolatura risulta più o meno sviluppata in alcune parti del corpo. Ci sono quindi atlete con gambe o braccia più sviluppate rispetto agli standard femminili classici riconosciuti dalla società. Quindi molte atlete vengono criticate e, addirittura, insultate nonostante i risultati sportivi, per il fatto di non avere un fisico abbastanza *femminile*. È una forma di *body shaming* estremamente diffusa ed è curioso notare come più uno sport sia concettualmente maschile, come il calcio, il lancio del peso o del martello, o la pallacanestro, più le sportive vengono accusate di non essere femminili. Si apre qui un confine sottile ma assolutamente percepibile tra *body shaming* e discriminazioni di genere.

Caster Semenya, campionessa sudafricana di atletica leggera, nel 2010 è stata obbligata dalla propria federazione a sottoporsi a un test per verificarne il sesso. Esemplificativo è anche il caso della martellista italiana Sara Fantini, bronzo europeo a Monaco, che racconta degli stereotipi di genere che ha dovuto combattere nel corso della sua vita a causa del suo fisico. Quando parla di sé nelle interviste chiarisce che una martellista dell'atletica leggera non può essere una taglia 40 e che ha impiegato del tempo per accettarsi, fino ad aver raggiunto il traguardo della piena serenità con se stessa; si rammarica soltanto che più spesso sono state le donne a sottolineare queste differenze. Anche dalla sua testimonianza comprendiamo che nonostante i successi sportivi spesso le atlete devono combattere diverse battaglie e sfidare le proprie fragilità, fragilità che sono troppe volte legate all'aspetto fisico. La cosa interessante è che molte volte sono proprio le opinioni che le stesse sportive hanno del loro corpo in rapporto al pensiero comune a essere l'ostacolo maggiore e talvolta sono le stesse donne a esercitare *body shaming* e critiche alle atlete per la loro costituzione fisica. Le parole di Sara Fantini in un certo senso dimostrano come molte volte nel combattere gli stereotipi e le differenze di genere siano ancora una volta le stesse donne a porre delle resistenze.

Sono moltissime le campionesse mondiali, olimpiche o europee che subiscono denigrazioni e discriminazioni per il loro aspetto fisico. E maggiore è la loro visibilità, per esempio sui social media, maggiore è l'esposizione alle critiche e agli insulti. Paradossalmente, non si tratta solo di umiliare chi non ha un corpo *abbastanza femminile*, ma anche di aggredire verbalmente chi ha un corpo *troppo femminile*, che per questi motivi viene strumentalizzato ed esposto a ogni tipo di commento a sfondo sessuale. Si tratta del recente caso di cui è stata vittima la campionessa di nuoto sincronizzato italiano Linda Cerruti, vincitrice di ben otto medaglie negli ultimi campionati europei di nuoto ad agosto a Roma. Linda per festeggiare i suoi successi pubblica sul suo profilo Instagram una foto che la ritrae mentre esegue una spaccata a testa in giù in spiaggia con tutte le sue medaglie.

Le iniziative di pubblicità sociale nascono con le migliori intenzioni, ma a volte delle scelte comunicative sbagliate distolgono l'attenzione dal messaggio positivo, producendo, al contrario, risvolti estremamente negativi. Il governo spagnolo ha lanciato una campagna di comunicazione per incoraggiare tutte le donne a non aver paura di mostrare il proprio corpo in spiaggia. L'iniziativa però ha creato alcune polemiche, perché accusata di sessismo in quanto non avrebbe preso in considerazione gli uomini. L'idea è stata del ministero per l'Uguaglianza spagnolo guidato dalla politica di Podemos, Irene Montero. *L'estate è anche nostra, divertiti come, dove e con chi vuoi*, recita il messaggio diffuso dal governo di Madrid accompagnato da un'illustrazione. Quest'ultima ritrae cinque donne in spiaggia, ma nemmeno un uomo. Il problema sta anche nel modo in cui sono ritratte le donne. L'opera illustrativa della campagna raffigura tre donne in sovrappeso, una anziana in topless dopo l'asportazione di un seno e una donna con le gambe non rasate e i peli sotto le ascelle. Due donne sono una a fianco all'altra e sembrano tenersi per mano, probabilmente in un riferimento alle coppie omosessuali. *Oggi brindiamo a un'estate per tutti, senza stereotipi e senza violenza estetica contro il nostro corpo*, si legge nel tweet diffuso dal profilo ufficiale del ministero. Ma nonostante il messaggio positivo, i più polemici non hanno tardato ad attaccare la campagna.

Alcune donne ritratte nella foto non hanno dato il consenso all'uso della loro immagine. In più, la foto di una di loro è stata modificata digitalmente per nascondere una protesi alla gamba, una scelta in evidente contraddizione con il messaggio della campagna. *Dove sono i corpi degli uomini!?*, ha chiesto un utente su Twitter. *Molti hanno complessi per la loro calvizie*, ha commentato un altro. Alcuni hanno scherzato: *È che solo le donne sono deformi. Gli uomini hanno tutti un corpo perfetto.* Tutti lo sanno. *Un altro giorno parleremo dei problemi derivati dall'obesità*, ha scritto un altro utente criticando il post per la presunta promozione di uno stile di vita poco salutare. *Mi chiedo una cosa: perché questo ministero si chiama così se parlano solo di donne? Oh no scusa, parlano di uomini solo quando qualcuno uccide una donna*, si legge in un altro commento scritto da una donna.

IL CASO DOVE

In occasione del lancio nel luglio 2024 della campagna The Code, Dove ha dichiarato che mai avrebbe utilizzato l'intelligenza artificiale per creare o modificare immagini femminili, marcando ancora una volta la propria missione, quella di valorizzare e affermare l'autenticità e l'autostima, particolarmente nelle giovani donne. A vent'anni dal lancio della campagna Real Beauty, in occasione del quale il brand di Unilever si è fortemente posizionato come portavoce del movimento *body positivity* e *skin positivity*, l'impegno di Dove si evolve ulteriormente per continuare ad adattarsi alle nuove tecnologie e cogliere le sfide che esse impongono alla rappresentazione della bellezza autentica. Tra i temi oggi più discussi e che potrebbero avere un elevato impatto sui giovani, ma anche sugli adulti, e sulla percezione della realtà, l'intelligenza artificiale è infatti l'ultima frontiera. Per questo la nuova campagna pubblicitaria, The Code, illustra proprio l'impatto negativo che l'intelligenza artificiale, se utilizzata con scarsa consapevolezza, può avere sull'autostima delle donne. I primi dati della sua ricerca lo dimostrano: una donna su tre sente il bisogno di cambiare il proprio aspetto fisico dopo essere stata esposta a immagini generate con l'AI che ritraggono modelli estetici irraggiungibili.

Dove ha creato *AI: guida ai prompt per difendere la bellezza autentica*, una guida gratuita disponibile sul proprio sito, pensata per aiutare a creare immagini rappresentative della vera bellezza attraverso i programmi di Intelligenza Artificiale più popolari.

Ma quanto è grande il fenomeno? E quanto può davvero fare un brand in concreto oltre che a cavalcare un'onda in nome del marketing?

Il fatto che gli ideali di bellezza femminile possano essere raggiunti solo attraverso processi di manipolazione fisica non è certo una novità. Gli esempi storici si sprecano: dai piedini minuscoli della Cina imperiale al vitino da vespa nell'Europa del XIX secolo. Ma il mondo contemporaneo ha creato nuovi scenari di auto-miglioramento digitale, veicolati dal continuo flusso di immagini e selfie nel mondo dei social media. I social hanno anche incentivato la propensione a considerare la propria identità e il proprio corpo come una potenziale fonte di profitto, particolarmente per le giovani donne. Con l'aggiunta che la pervasività dei contenuti social è molto più impattante di quanto non fosse quella di media tradizionali come le riviste e la tv. Nel 2019 Instagram ha annunciato che avrebbe rimosso *tutti i filtri associati alla chirurgia plastica*, ma la policy ha avuto effetto solo su quelli esplicitamente associati alla chirurgia plastica, ossia quelli con nomi tipo *Plastica* o *Fix Me*. Tantissimi altri sono passati sottotraccia e contribuiscono a creare la Instagram *face*.

Una ricerca condotta negli Stati Uniti da Edelman Intelligence, evidenzia che su un campione di 556 ragazze di età compresa tra i 10 e i 17 anni: il 77% affermi di aver modificato o nascosto almeno una propria caratteristica fisica; l'80% di aver confrontato la propria presenza con quella di altri. La tendenza che emerge è che coloro che modificano le proprie foto hanno più probabilità di avere una bassa autostima rispetto a chi non lo fa.

Probabilmente è utopia parlare di associazione di categoria o di partnership tra brand nell'ottica di perseguire un grande obiettivo sociale comune, in barba al posizionamento lungimirante di una sola marca (Dove in questo caso). Ma, pur ognuno per conto suo, quanto possono fare i brand per cambiare la società, al netto dell'interesse economico?

La risposta è: abbastanza. L'aspetto positivo è che Dove e gli altri brand che cavalcano quest'onda spesso scelgono testimonial molto seguite nel mondo social, il cui messaggio può effettivamente far presa sulle donne e le ragazzine all'ascolto. In Italia, Dove ha coinvolto personalità molto note e piuttosto diversificate: Camihawke per le millennial, Sofia Viscardi e il canale di Venti per le Gen Z, Alice Mangione di The Pozzoli's family per le mamme e anche Benedetta De Luca, modella che ha fatto della sua disabilità il suo punto di forza, e la psicoterapeuta Stefania Andreoli. Voci che amplificano quelle di altre donne emblema del movimento *body e skin positivity* come Cristina Fogazzi, in arte Estetista Cinica, che ha spesso preso posizione contro i filtri troppo deformanti. Oppure le attrici e conduttrici Giulia de Lellis, Aurora Ramazzotti e Matilda de Angelis che mostrano la loro acne online. Ma anche le ragazze di Belle di Faccia (progetto Instagram e ora anche libro) che si focalizzano su *fat acceptance* e *fat liberation*. Sono queste donne a creare la voce corale di cui sente particolarmente l'esigenza. Perché i brand possono essere catalizzatori di un movimento, ma l'autenticità del messaggio non può che arrivare dalle donne che lo vivono letteralmente sulla propria pelle.

ADVERTISING INCLUSIVO O PROVOCAZIONE?

Parliamo di uno spot che ha lasciato il segno nel mondo dell'advertising e, come spesso accade, ha anche sollevato un vespaio.

Si tratta di una campagna pubblicitaria, Viva la Vulva, che va a toccare un tabù sociale e culturale, le mestruazioni, che spesso non vengono nemmeno chiamate con il loro nome oppure – per vergogna e imbarazzo – vengono piuttosto edulcorate e mascherate utilizzando altri nomi: il ciclo, le mie cose, il marchese, quei giorni, etc. Sin da quando siamo piccole percepiamo un disagio misto a imbarazzo, se non peggio, attorno a un evento che invece fa parte del nostro corpo.

Nuvenia invece ha osato mostrare in uno spot un assorbente leggermente sporco di rosso, e immagini evocative come pesche, conchiglie, pompelmi, muffin, origami e pupazzetti che ricordano vulve, ma anche una donna anziana che crea vulve all'uncinetto, e così via.

Molte persone, tra cui parecchie donne, si sono dette disgustate e inorridite dopo averlo visto. Io stessa, non lo nascondo, sono rimasta colpita dallo spot, e ho avuto reazioni contrastanti: razionalmente favorevole per il significato culturale, come netta presa di posizione contro i tabù che permangono nella nostra società, emotivamente mi sono sentita dentro la vergogna del sangue mestruale. Per quanto mi ritenga liberata da tante pressioni culturali, realizzo ogni giorno che il percorso sembra non finire mai, che c'è ancora da fare, risolvere, rielaborare. Come in questo caso.

In una campagna (che si è aggiudicata anche un Gran Prix ai Cannes Lions 2022) Adidas ha puntato sull'equità di genere e ha invitato le donne a esprimere la libertà di sentirsi a proprio agio nello sport. Sfidando i limiti culturali imposti da specifiche società, il brand sprona a sconfiggere il disagio di mostrare il proprio corpo.

Non solo attraverso la presentazione di una linea di costumi pensati nel rispetto di religioni più costrittive, ma raccontando le forme di Jessamyn Stanley, la normalità della modella Ellie Goldstein, la libertà della pallavolista trans Tifanny Abreu o della runner Fatima Ibrahimi.

Storie inclusive e *possibili* di ogni atleta, contro ogni stereotipo, contro ogni limite, contro ogni etichetta di diversità. Niente è impossibile, perché «Io sono possibile.»

IL DILEMMA

Le pubblicità riflettono queste necessità di inclusione e liberazione, mostrando come i brand si stiano adeguando al concetto di equità. I valori da comunicare per abbracciare un pubblico eterogeneo sono quelli della normalizzazione delle diversità, in ogni genere.

Oggi si parla di marketing inclusivo come di una strategia per diffondere una nuova cultura e una nuova sensibilizzazione. I brand creano relazioni con un pubblico che non si accontenta più di accettare passivamente semplici messaggi promozionali. È un pubblico protagonista, attento alle proprie esigenze e che, anche grazie ai social, si proclama sovrano delle proprie scelte di acquisto o del discostamento da un marchio.

L'impegno – o la strategia – dei brand è quello di riflettere nelle proprie pubblicità le preferenze, lo stile di vita, la natura di ogni individuo, in cui inclusività ed equità sono il principale filo narrativo dei valori aziendali. L'accettazione delle diversità, o per meglio dire, la giusta normalizzazione delle diversità avviene soprattutto attraverso le pubblicità.

Ora, ciò che è lecito chiederci è: i valori che i brand a volte ostentano nelle loro campagne sono realmente frutto di un'evoluzione e accettazione dei cambiamenti culturali o assecondano strategicamente un punto di vista politicamente corretto per percepire più consensi ed aumentare le vendite? Magari poco importa, ciò che davvero conta è che si agisca positivamente per combattere le discriminazioni, in nome di una società equa per tutti.

DRESS FOR SUCCESS

Uno stile perfetto per tutte le donne e tutti gli ambienti di lavoro del mondo non esiste. Perché ogni donna è unica, così come lo è ogni posto di lavoro. E la consapevolezza dei propri punti di forza e di debolezza fa la vera differenza. Un esempio di utilizzo positivo del potere dell'immagine è quello di Dress for Success, una organizzazione globale senza scopo di lucro che ha come missione quella di aiutare donne in difficoltà ad acquisire indipendenza economica.

Fondata nel 1997, Dress for Success è presente oggi in 140 città in circa 25 paesi e ha aiutato oltre un milione di donne a trovare lavoro e a rendersi autosufficienti. Lavora con volontarie e volontari, con aziende e altre ONG per raggiungere il più ampio numero di donne da aiutare. Lo fa fornendo una rete di supporto, servizi e strumenti, un percorso sull'autostima e la fiducia in se stesse, ma anche abbigliamento professionale – da qui il nome – per aiutare queste donne a realizzarsi professionalmente e ad avere una vita migliore. A trovare un lavoro.

Ogni donna ha il diritto di realizzare il proprio potenziale, di raggiungere l'indipendenza economica: con l'aiuto di una preparazione adeguata, di strumenti e supporto, queste donne hanno la possibilità e la capacità di ottenere una vita più benestante, sicura ed equilibrata. Per se stesse, ma anche per le loro famiglie, per le comunità in cui sono inserite. E in ultima istanza, per la società tutta.

CREARE IMPATTO ATTRAVERSO L'IMMAGINE

La prima impressione è quella che conta è un modo di dire su cui riflettere; come molti modi di dire, contiene delle verità. Qualche giorno fa ero invitata a moderare un dibattito con alcuni ospiti, di fronte a oltre 200 persone. Ero preparata sul tema, avevo chiaro in mente come e dove volevo condurre la discussione, quale ritmo dare alla conferenza. Ma non ho trascurato nemmeno la scelta dell'outfit, volendo avere anche una immagine di impatto. Si tratta di utilizzare tutti gli strumenti con la dovuta cura, compresa l'immagine che in quel momento vogliamo resti impressa nella mente dei nostri spettatori.

Alle giovani donne che mi dicono che si aspettano di essere riconosciute, apprezzate e notate per il loro lavoro ben fatto, io rispondo che dobbiamo sempre – soprattutto noi donne – fare i conti con il nostro personal branding, con l'impatto che sappiamo produrre intorno a noi, che è fatto di competenza e risultati ma anche di assertività e visibilità. Avere impatto significa quindi proiettare all'esterno con sicurezza la nostra personalità, aiutate anche dal fatto di indossare capi che ci rappresentano autenticamente, ci fanno stare bene e ci mettono nella giusta relazione con i contesti in cui ci muoviamo. Nulla a che vedere con lusso, eleganza, moda. Piuttosto con il dentro e il fuori di ciascuno di noi che viaggiano insieme, che si corrispondono.

La mia amica Stefania Fornoni fa questo, lavora con individui o gruppi di persone e li aiuta a prendere intanto consapevolezza di sé – *cosa comunico di me attraverso il mio aspetto* – e poi a trovare il proprio stile. La cosa affascinante di questa esperienza è che non importa da dove si comincia, ma arrivare al giusto risultato! Lavorare sul proprio aspetto significa interrogarsi sui propri obiettivi, le proprie convinzioni e le proprie paure di giudizi altrui e bias.

Un lavoro profondo, a dispetto dei pregiudizi che pervadono questo campo, che ci consente di affrontare i convincimenti che abbiamo rispetto a ciò che dovremmo indossare, alle aspettative degli altri e ai condizionamenti ambientali. L'abbigliamento diventa esso stesso una forma di empowerment, ancor più vero nel mondo femminile dove resistono condizionamenti, forti timori e paura di perdere credibilità. Si chiama autorevolezza.

Vesto sempre in modo da non farmi notare; *Non oso cambiare stile perché in ufficio mi hanno sempre visto/a così*; *Mi vesto così per non dispiacere al mio compagno* sono affermazioni che dicono tanto della persona, dei limiti autoimposti e dei condizionamenti subiti.

Michelle Obama, Kamala Harris, Kate Winslet sono modelli di donne che si sono affrancate dallo stile stereotipato con scelte personali, espressive, indipendenti.

Secondo la ricerca *Beauty confidence e autostima* – condotta da Edelman Intelligence per Dove – sull'autostima di donne e adolescenti in Italia, quattro donne e ragazze su dieci non si sentono belle, cinque su dieci pensano di non poter sbagliare o mostrare le loro debolezze, cinque su dieci sentono la competizione con i familiari e gli amici. Ben sette su dieci non hanno un'alta opinione del proprio corpo. Hanno difficoltà a sostenere le proprie opinioni e anche a sottoporsi a controlli medici (otto su dieci).

Per questo lavorare sulla propria immagine non è solo una questione di immagine.

Quando le donne e le ragazze hanno fiducia nel proprio corpo e se ne prendono cura sono più forti e centrate: il 78% tende a vedere il lato positivo di ciò che accade, il 61% non si preoccupa del problema e pensa subito alla soluzione, il 52% sente di poter raggiungere i propri obiettivi o si sente inarrestabile, il 67% sente di poter decidere in autonomia della propria vita.

Stefania sostiene che dobbiamo occuparci di Immagine Sostenibile, per far sì che questo diventi l'atteggiamento della maggioranza e non della minoranza delle ragazze e delle donne. Sostenibile nel rapporto con se stesse e con il mondo esterno, sostenibile nel messaggio che le aziende e i media veicolano al pubblico femminile, e non solo, sostenibile nella velocità con cui fruiamo dei social, che al momento non ci motiva ad approfondire e capire chi sono le persone che vediamo, al di là della loro immagine.

Secondo numerosi studi condotti in campo psicologico – mi racconta – la scelta di un capo di abbigliamento sbagliato ha effetti molto potenti a livello inconscio. Può metterci di malumore, deconcentrarci o addirittura deprimerci, mentre indossare quello giusto può farci sentire più forti o renderci più performanti. Ne parla la psicologa Karen Pine, professoressa alla Hertfordshire University, nel suo libro *Mind What You Wear.* Perché quando indossiamo un capo, inevitabilmente finiamo per adottare alcune delle caratteristiche associate ad esso, anche se non ce ne rendiamo conto.

È ciò che viene definito dalla scienza come *enclothed cognition*, grazie allo studio pubblicato nel 2012 da Hajo Adam e Adam Galinksy della Northwestern University (Illinois) e al famoso esperimento del *white coat.* Nell'esperimento, veniva fatto indossare lo stesso camice bianco a due gruppi di studenti. A un primo gruppo veniva presentato come un camice da pittore, all'altro gruppo come un camice da medico. Tutti gli studenti furono poi sottoposti alla stessa serie test per misurare il livello di attenzione: il gruppo che indossava il *camice da medico* si dimostrò più attento rispetto al gruppo del *camice da pittore*. Era bastato far indossare un capo a cui veniva attribuito un certo significato per far emergere un sottile ma significativo spostamento nei processi cognitivi tra un gruppo e l'altro.

Se per esempio un individuo ha poca stima in sé o attraversa un periodo della propria vita personale e/o professionale non felice, e tende ad indossare *abiti-rifugio* che la nascondono o la appiattiscono o che istintivamente indossa perché già emotivamente legati a precedenti esperienze difficili, questi stessi abiti porteranno con sé cattive vibrazioni. Il continuare a indossarli non farà che amplificare la spirale negativa nella persona stessa - anche nella postura, nello sguardo e nella prossemica - e peggiorare il feedback da parte degli altri.

Ma senza arrivare a situazioni così connotate, pensiamo solo a tutte le volte che siamo distratti o infastiditi, o ci sentiamo depotenziati a causa di ciò che stiamo indossando. Al contrario, se indossiamo capi che ci aiutano a gestire l'umore e migliorarlo, ci comportiamo in un modo diverso. E quando appariamo positivi e sicuri creiamo una forte attrazione da parte degli altri innescando un ciclo virtuoso nella nostra comunicazione.

Da dove partire per affrontare con più sicurezza il modo in cui ci relazioniamo con il nostro abbigliamento e abbattere le possibili fonti di negatività? Facciamoci questa domanda: *Come vorrei che fosse il vero me/la vera me?* Riuscire a rispondere con onestà e consapevolezza consente di avere quel coraggio necessario per lasciare qualcosa che ci limita e lavorare di più sui nostri desideri con meno pregiudizi e più convinzione.

Per supportare le ragazze e le donne in tema di bellezza e di autostima sono quindi fondamentali consapevolezza ed empowerment. Consapevolezza sulla percezione di sé e del proprio valore, che può arrivare attraverso campagne di sensibilizzazione partendo dalle scuole, per educare all'essere se stessi in modo sano e solido fin dall'adolescenza.

Consapevolezza che la bellezza non è un canone fisso, bensì un modo di esprimersi in modo positivo anche attraverso il proprio aspetto. La bellezza autentica, che ci rende forti e sicure, è fatta di cura di sé, di spontaneità, di imperfezioni e qualità, di energia che si emana. Rendersi uniche e non confrontabili.

Empowerment, per mettere in atto ogni giorno l'atteggiamento positivo che abbiamo verso noi stesse come persone, in modo profondo, e la convinzione che possiamo essere uniche e portare valore a noi e alla società proprio per ciò che siamo e per ciò che facciamo.

Ho chiesto a Stefania perché ha scelto questo lavoro, dato che è a sua volta oggetto di pregiudizi e bias. «Perché mi emoziona! Mi emoziona vedere la luce negli occhi delle persone con cui lavoro, perché hanno capito di avere questo talento, questa bellezza, questo potenziale, questa forza, le risorse che ciascuno di noi ha e che rimangono spesso soffocate. Ciò che mi motiva di più è sapere che alle persone mancano così tante informazioni preziose per il loro benessere... e io vorrei che tutti fossero in grado di poter emergere e vivere meglio il rapporto con se stessi, anche attraverso l'abbigliamento.»

LA CURA

LA SINDROME DI YENTL

C'è una storia che comincia grazie alla dottoressa Bernardine Healy, una grande cardiologa americana, la prima donna a ricoprire il ruolo di direttrice dell'Istituto Nazionale della Salute negli Stati Uniti. Una storia di sorprendente discriminazione che lei stessa ha osservato nell'Istituto di Cardiologia che dirigeva: le donne erano meno ospedalizzate rispetto agli uomini, e anche meno sottoposte a indagini diagnostiche come le coronarografie, e a interventi e terapie come trombolisi, stent, bypass. Seguendo il percorso di quella scoperta si accorse inoltre che le donne erano poco, spesso per nulla, rappresentate nelle sperimentazioni cliniche che servivano poi all'adozione di nuovi farmaci e nuove tecnologie diagnostiche e terapeutiche. La dottoressa Healy riportò tutto questo in un articolo che provocò presto grande clamore in tutto il mondo scientifico, e costituì una specie di origine, un perfetto punto di avvio perché prendesse forza ciò che poi avremmo definito *medicina di genere*. Perché accadeva? I sintomi dell'infarto si manifestano e si riconoscono nelle donne in ritardo rispetto agli uomini. E questo genera come risultato una probabile ospedalizzazione scorretta, si confonde il sintomo e si procede al ricovero in reparti che non sono quelli in cui si gestisce un infarto. Al termine delle sue osservazioni, la dottoressa Healy pubblica un articolo su una delle più autorevoli riviste scientifiche del mondo, il *New England Journal of Medicine*, il cui titolo è *La sindrome di Yentl*. Quel nome lo ricava da un film, *Yentl*, che ha per protagonista Barbra Streisand. Film a sua volta tratto dal libro dello scrittore polacco Isaac B. Singer.

Yentl fu candidato a ben cinque premi Oscar, molti lo ritenevano il favorito per la statuetta del miglior film. Alla fine conquistò solo il premio per la miglior colonna sonora. Ma la storia di cui si occupa ebbe ugualmente un enorme impatto, soprattutto sul mondo ebraico americano. Proprio nell'anno in cui uscì il film, il 1983, la più importante istituzione culturale dell'ebraismo integralista, il Jewish Theological Seminary, concesse per la prima volta anche alle donne la possibilità di iscriversi.

Romanzo e film raccontano una storia della Polonia del 1904. Yentl è una ragazza che coltiva una passione profondissima per i testi sacri ebraici. Vive con suo padre, libraio e rabbino. È lontanissima dal ruolo che la cultura della comunità cui appartiene prevede per lei, ossia moglie, madre, donna che cura la casa. Quando il padre muore resta sola e immediatamente si accorge del peso dei pregiudizi del suo villaggio. Decide di andarsene, taglia i capelli e travestita da uomo va altrove a studiare il Talmud. Vivrà avventure, disavventure, equivoci, comprenderà che in Polonia le convenzioni restano più forti delle aspirazioni degli individui, soprattutto se donne. Accompagnata dalle sue ferite sentimentali, si imbarca per gli Stati Uniti, con il sogno di un mondo meno opprimente.

Per la dottoressa Healy e per chiunque abbia letto o visto la storia di Yentl, il film è l'emblema di una condizione: essere donna procura obblighi e la pressione continua del pregiudizio, e purtroppo non è tutto. A Yentl basta travestirsi da uomo per conquistarsi spazi che altrimenti le sarebbero negati. Quindi, se vuoi un buon consiglio, perché ti curino meglio farai bene a fingerti maschio.

Ecco come nasce l'idea di definire sindrome di Yentl il corso così diverso che l'attacco di cuore di solito segue per donne e uomini. Il problema vero è che gran parte della ricerca medica si è concentrata quasi esclusivamente sui sintomi degli attacchi cardiaci maschili. Questo è il vero problema di moltissime donne, malcurate per le diagnosi errate. I sintomi non corrispondono, nei tempi e nei modi, a quelli previsti dalla letteratura clinica dominante.

Secondo un dato che risale al 2017, le malattie cardiache sono la principale causa di morte per le donne negli Stati Uniti: in quel solo anno ne hanno uccise 300.000, ed è la causa di una morte femminile su cinque. Malgrado questi numeri impietosi, le malattie cardiache hanno continuato negli anni successivi a essere considerate un allarme sostanzialmente maschile.

Oggi sappiamo con certezza che le malattie cardiovascolari rappresentano la principale causa di morte per le donne, e purtroppo possiamo prevedere che il fenomeno sia destinato ad aumentare, se prendiamo in considerazione il crescere della vita media delle persone e della prevalenza dei fattori di rischio. Ma continua a circolare la sensazione che nelle donne il rischio cardiovascolare sia ridotto. E in fondo, le stesse informazioni in base alle quali molti medici agiscono possiamo considerarle inadeguate, se non addirittura del tutto inappropriate: spesso non si è in grado di riconoscere i fattori di rischio, e dunque i trattamenti praticati risultano fuori bersaglio.

Analizziamo per esempio i sintomi delle sindromi coronariche acute, che solo raramente sono diagnosticati in tempo con una conseguente gestione delle pazienti che ha buone probabilità di essere sbagliata. Questa sintomatologia atipica in caso di infarto spesso significa assenza del cosiddetto dolore precordiale, quello cioè che appare nella regione del torace, dolore che nelle donne si presenta più spesso nella zona del collo o del dorso. In alcune occasioni non si registra alcun dolore, ma soltanto inquietudine, ansia, una lieve difficoltà nel respiro. È il motivo per cui si soprassiede sul ricovero, si rischia un soccorso in grave ritardo e un indirizzamento sbagliato fin dal pronto soccorso. È inevitabile, perciò, che in seguito a un infarto la mortalità delle donne in fase acuta e in periodo ospedaliero sia sempre superiore a quella maschile. Ma è superiore nelle donne anche la mortalità a sei mesi da un infarto e a distanza di sei anni da un intervento di bypass.

C'è una causa che più delle altre fa sottostimare il rischio cardiovascolare nelle donne, è la disparità che esiste tra i sessi in termini di salute. Sia l'infarto sia l'ictus sono tuttora considerate malattie tipiche del genere maschile. Una convinzione che continua a rallentare i progressi della ricerca e della gestione terapeutica delle malattie cardiovascolari che attaccano le donne.

Una seria attività di prevenzione imporrebbe di smettere di fumare, seguire un'alimentazione sana, praticare attività fisica, vivere in un ambiente che favorisca il benessere a partire dai suoi risvolti psicologici. Ma è altrettanto decisivo considerare che la qualità e la quantità delle cure sanitarie sono condizionate dal reddito, dal grado di scolarizzazione, dal controllo che l'individuo è in grado di esercitare sulle proprie scelte, e poi anche dal clima culturale e religioso in cui si vive. E purtroppo sappiamo che per una quota molto alta di donne ciascuno di questi fattori costituisce una barriera per raggiungere la migliore prevenzione.

Secondo quanto racconta la dottoressa Silvia De Francia, docente al Dipartimento di Scienze Cliniche e Biologiche dell'Università di Torino, ancora nel corso del XVI secolo, per la medicina ufficiale era sufficiente studiare il corpo maschile poiché era quella la sua forma neutra e universale, solo in seguito si potevano applicare per differenza alle donne i risultati ricavati sugli uomini. Nelle sue pubblicazioni, la dottoressa De Francia segnala pure come il primo ospedale realizzato a Torino, il Mauriziano, abbia atteso tre secoli e mezzo prima di darsi un reparto femminile

Uno studio di Ayanian e colleghi, anch'esso pubblicato sul *New England Journal of Medicine* nel 1991, analizzava le differenze nell'uso delle procedure adottate su donne e uomini ricoverati per malattia coronarica. Lo studio sosteneva che ricerche precedenti effettuate presso singoli ospedali rilevavano differenze notevoli. Il gruppo di Ayanian eseguì analisi retrospettive di angiografia coronarica e rivascolarizzazione in donne e uomini ricoverati per malattia coronarica nel 1987, in maniera da poter valutare se queste differenze fossero generalizzate.

I risultati mostrarono che le probabilità di sottoporsi ad angiografia erano rispettivamente del 28% e del 15% più alte per gli uomini rispetto alle donne. Le rispettive probabilità di sottoporsi a rivascolarizzazione erano del 45% e del 27% più alte per gli uomini rispetto alle donne. Era la dimostrazione che le donne ricoverate per malattia coronarica erano sottoposte a un minor numero di procedure diagnostiche e terapeutiche rilevanti rispetto agli uomini.

Un ulteriore studio di RM Steinart e colleghi indagò le differenze di sesso nella gestione della malattia coronarica e anch'essi si accorsero che malgrado fosse la principale causa di morte tra le donne, i medici usavano un approccio più aggressivo alla malattia coronarica con gli uomini, nonostante la maggiore disabilità cardiaca nelle donne.

La loro analisi indicava che prima dell'infarto, le donne avevano la stessa probabilità degli uomini di avere l'angina e di essere trattate con farmaci antianginosi. Tuttavia, malgrado le donne denunciassero sintomi coerenti con una maggiore disabilità funzionale, un minor numero di esse era stato sottoposto a cateterismo cardiaco (15,4% delle donne contro il 27,3% degli uomini) o a intervento di bypass coronarico (5,9% delle donne contro il 12,7% degli uomini).

MEDICINA CHE TIENE CONTO DEL GENERE

Giovannella Baggio è titolare della cattedra di Medicina di Genere del Dipartimento di Medicina Molecolare all'Università di Padova.

Ama chiarire che parlare di medicina di genere non vuol dire affrontare il tema legato a malattie che colpiscono più frequentemente uomini o donne, o a malattie dell'apparato riproduttivo o della salute femminile. Si intende invece la conoscenza di malattie relative a tutti gli organi e agli apparati corporei, e al modo in cui differiscono negli uomini e nelle donne in termini di sintomi, di percorsi diagnostici, di interpretazione dei risultati dei test, di necessità e risposta alla terapia farmacologica, di prevenzione. Probabilmente la formula *medicina di genere* non è nemmeno la più adatta, poiché rischia di non fare chiarezza sul vero significato di questo profilo della medicina.

Così com'è l'espressione fa pensare a una delle branche separate di cui si occupano medici specializzati. Esiste invece una medicina che tiene conto del genere e che è trasversale a tutti i rami. Ogni specializzazione andrebbe insegnata e praticata tenendo conto delle differenze di genere. Andrebbero intanto inaugurati nuovi programmi di istruzione universitaria nelle scuole di medicina ed è certamente necessario rivedere tutte le linee guida cliniche.

È necessario riaprire e rinnovare lo studio sulle patologie che affliggono uomini e donne: non solo le malattie cardiovascolari, ma anche i tumori, le malattie metaboliche, le neurologiche, le infettive, e tutte le specialistiche comprese quelle chirurgiche.

Nel mondo occidentale le donne hanno un'aspettativa di vita più alta rispetto agli uomini. Secondo i dati ISTAT relativi al 2022, in Italia gli uomini hanno un'aspettativa di vita alla nascita di poco superiore agli ottant'anni, le donne arrivano a 84,8. Possiamo chiederci cos'è che causi questa differenza, e possiamo trovare risposte in un universo che va dalla genetica alla cultura. Se invece andiamo ad osservare l'aspettativa di vita sana, scopriamo che è identica nei due generi, dunque sappiamo che i quattro anni di vantaggio che le donne hanno sugli uomini sono anni di vita ammalata, spesso disabile, soprattutto a causa di conseguenze dovute a malattie cardiovascolari, osteoarticolari e neurologiche, in particolare demenza e depressione.

Tutto ciò ha una ricaduta rilevantissima sulla qualità

della vita e anche sulla spesa sanitaria. Le donne che hanno più di 65 anni sono molto più sole, possiedono un livello culturale inferiore e una situazione economica decisamente più fragile. Malgrado tutto ciò, malgrado questi numeri che parlano chiaro, ancora oggi sappiamo pochissimo su cura e prevenzione delle malattie nel genere femminile. Noel Bairey Merz, che è direttrice del Barbra Streisand Women's Heart Center ed è inoltre docente di medicina presso il Cedars-Sinai Medical Center, sostiene che la sindrome di Yentl non solo sia tuttora sconosciuta, ma neppure la curiamo.

Ma a che punto si trova oggi la ricerca nel settore della medicina di genere in Italia? E possiamo chiederci a che punto sia l'insegnamento della medicina di genere nel corso di laurea in medicina e chirurgia, nelle scuole di specializzazione e nei corsi di laurea delle professioni sanitarie?

Dovremmo almeno aver imparato che non può esistere un corso di medicina di genere, un congresso organizzato sul tema della medicina di genere, o anche una specializzazione in medicina di genere, soprattutto se tutti i settori della medicina vengono intanto insegnati e applicati come se le differenze di genere nemmeno esistessero.

La dottoressa De Francia vede soluzioni possibili anche imparando dagli errori commessi lungo secoli e decenni che abbiamo alle spalle. Lei stessa segnala che la grande maggioranza dei farmaci che sono attualmente in commercio durante tutta la fase preclinica è stata testata soltanto su animali maschi. E non basta, poiché quando si è arrivati agli studi di sperimentazione clinica, sono stati arruolati soltanto uomini. L'esempio più sconcertante è dato sicuramente dall'aspirina, un farmaco oramai comunissimo. Prima che fosse in commercio, la fase di sperimentazione clinica era durata vent'anni, un tempo decisamente lungo. Nel corso di questa sperimentazione sono stati coinvolti 20.000 soggetti. E anche se oggi può sembrare incredibile, si trattava esclusivamente di uomini. Purtroppo, ebbe risvolti agghiaccianti il caso della talidomide, un antiemetico molto potente che settant'anni fa fu prescritto a un elevato numero di donne in gravidanza. Ora, la talidomide è anche un inibitore dell'angiogenesi, cioé dell'attività fondamentale per la formazione dei vasi sanguigni. Può apparirci assurdo, eppure prima che fosse messo in commercio la talidomide non era mai stata testata su donne in gravidanza. Il risultato? Aborto spontaneo per tantissime donne, siamo in una fase storica in cui non esisteva l'ecografia. Ma non solo impedì a tanti bambini di vedere la luce, usare la talidomide fu causa di un numero impressionante di bambini nati con braccia e gambe atrofizzate. Abbiamo ancora oggi donne e uomini di età che va tra i sessantacinque e i settant'anni e che sono focomelici. Non c'erano tare genetiche, né altre forme di distorsioni patologiche, la medicina del tempo si era solo macchiata di una colpa imperdonabile, una sperimentazione del farmaco totalmente assurda.

LE DONNE NEL MONDO DELLA SANITÀ

La metà femminile del mondo è una presenza numericamente di grande significato nella sanità italiana. E si tratta peraltro di una presenza che continua a crescere, secondo le tendenze rilevate in questi anni. Leggendo i dati forniti nel 2021 dalla Ragioneria dello Stato al ministero della Salute, si scopre che le donne che lavorano con contratto a tempo indeterminato in strutture del Servizio Sanitario Nazionale sono 442.445, parliamo dunque di circa il 68% del personale complessivo. Il dettaglio indica che in ambito strettamente sanitario è donna il 69,4% del personale, percentuale che si riduce al 23,7% se guardiamo a mansioni di tipo professionale, risale al 64,1% nel ruolo tecnico e addirittura al 72,5% in quello amministrativo.

Questa presenza femminile varia molto se poi teniamo conto della categoria di lavoro. Prendiamo ad esempio i dirigenti medici, praticamente la metà (il 49,9%) sono donne e sono donne più dei tre quarti del personale infermieristico, all'incirca il 78%. Ma anche qui poche si trovano in ruoli di vertice. I motivi sono nient'altro che le abituali zavorre culturali, a partire dalla convinzione che una donna non possa contemporaneamente gestire una famiglia e fare carriera. E che invece, nel caso in cui lavori, le tocchi essere colei che si sacrifica con richieste di part-time o di riduzione oraria. Del resto un tempo erano chiamate a occuparsi dei figli piccoli, oggi l'invecchiamento della popolazione impone un nuovo impegno per la cura dei genitori anziani.

Da questi dati emerge anche una variabilità notevole legata alle diverse aree della penisola. Se guardiamo esclusivamente al personale con un contratto a tempo indeterminato, la percentuale di donne va da un valore minimo registrato in Campania, il 51,2%, a un valore massimo rilevato invece nella provincia autonoma di Bolzano, il 76,2%.

Ancora la Ragioneria dello Stato ci fa sapere che invece le donne che hanno un rapporto di lavoro a tempo determinato con il Servizio Sanitario Nazionale sono 26.307 e rappresentano il 69,4% del totale. E qui si aprono le prime consuete crepe, considerato che tra coloro che hanno un contratto in qualche modo precario più di due su tre sono donne.

In particolare tra i dirigenti medici, le donne risultano più giovani dei colleghi uomini, ed è un dato che viene fuori un po' in tutte le categorie sanitarie. Possiamo supporre che questo dipenda proprio dalla presenza femminile che in queste professioni continua a crescere. È chiaro che un numero più alto di nuovi ingressi di donne comporti prevedibilmente tra loro un'età media che va riducendosi.

Tra i soli medici del Servizio Sanitario Nazionale con un'età inferiore ai 45 anni si nota che il 63,8% di essi è donna. Se invece ci spingiamo ad analizzare le classi di età a partire dai 45 anni in su, ritroviamo immediatamente una netta prevalenza di uomini, qui le donne rappresentano solo il 43,9% del totale dei medici.

Notiamo anche come la presenza femminile sia così

cresciuta negli anni recenti tra le professioni del Servizio Sanitario Nazionale. Ciò è particolarmente vero per i profili dirigenziali, lo è invece meno per il personale. Se analizziamo il periodo che va dal 2010 al 2020, ci accorgiamo che la percentuale di donne appartenenti al personale infermieristico è rimasta più o meno invariata, intorno a circa il 78%. Nello stesso periodo, invece, non solo cresce sensibilmente la quota di donne sul totale dei medici, ma aumenta in modo considerevole anche la percentuale di veterinari e di dirigenti sanitari donna.

Sempre dal 2010 al 2020, la percentuale di dirigenti veterinari donna passa dal 18% al 27,1%, mentre il peso della componente femminile nel mondo della dirigenza sanitaria - dunque di biologi, farmacisti, fisici, chimici e psicologi - passa dal 72% al 78,5%.

I numeri ufficiali raccontano chiaramente che la percentuale di dirigenti medici donna fosse nell'anno 2010 al 38,4%, e nel 2020 si ritrovi a quel 49,9% di cui dicevamo prima. Si tratta di una tendenza che si ripete, dunque destinata a crescere ulteriormente.

I dati forniti fino a tutto il 2020 sembrano in fondo raccontare una sostanziale parità di genere, ricavata soprattutto dal numero complessivo di medici con contratto a tempo indeterminato. Dicevamo che il 49,9% è donna. Ma le distanze abituali che troviamo in altri ambiti professionali si ripresentano immancabili anche qui. Scopriamo infatti che solo l'8,3% delle dirigenti medico donna riveste il ruolo di direttore di una struttura, che sia semplice o complessa. Al contrario, circa il 20,6%

dei dirigenti medici uomini, quindi ben più del doppio, risulta a capo di una struttura semplice o complessa. Qualora poi analizzassimo solo le strutture complesse, vediamo che i direttori donna sono soltanto il 18% del totale. Una percentuale che sale fino al 35,5% se riportata invece alle strutture cosiddette semplici.

Si tratta di un dato in ogni caso fortemente sbilanciato se andiamo a confrontarlo con le percentuali relative al sesso maschile. Ricavarle è agevole, sul totale di coloro che dirigono una struttura complessa i maschi sono l'82%, quelli che dirigono una struttura semplice sono il 64,5%.

Chiudiamo questo studio basato su un lungo elenco di dati, indagando anche le percentuali che si legano al tipo di specializzazione, e provando a scoprire in quali di esse si registri una presenza femminile significativa. È molto forte soprattutto nell'area dei servizi: in genetica medica il 65,5% è donna, e in scienza dell'alimentazione lo è il 61,2%. Nell'ambito più proprio della medicina, rileviamo un 78,7% di donne specializzate in neuropsichiatria infantile, e un 72,9% specializzate in pediatria. È facile accorgersi che lo stereotipo della vocazione materna giochi un suo inevitabile ruolo nella scelta della specializzazione. Infatti, la situazione si ribalta del tutto se ci addentriamo nell'area della chirurgia: è donna solo il 26,5% dei chirurghi generali del Servizio Sanitario Nazionale, il 18,2% dei cardiochirurghi, il 16,7% degli ortopedici, e soltanto il 15,4% degli urologi è di sesso femminile.

La sanità è quindi uno degli universi professionali in cui la maggior parte di coloro che vi lavorano è donna, ma sono sempre le donne a rivestire la gran parte dei ruoli di secondo piano. Solo molto raramente è una donna a raggiungere i vertici di un dipartimento o di un'azienda sanitaria. E come abbiamo appena visto, la stessa difficoltà si ritrova nel mondo della chirurgia: i chirurghi donna sono pochi e quei pochi quasi mai sono responsabili della direzione di un team. In Italia sappiamo che all'incirca il 60% del personale che appartiene al Servizio Sanitario Nazionale è donna; tuttavia, solo il 22% è parte del management.

Il problema è che questa condizione rischia di peggiorare col passare del tempo. Sappiamo che oggi il 60% degli iscritti alla facoltà di medicina è donna, e anche che all'origine di questa disparità ci sono le consuete carenze di organizzazione e di strutture che rendono complicatissimo, soprattutto per il mondo femminile, conciliare vita lavorativa e vita privata.

Solo donne che non hanno famiglia possono consentirsi di dedicare una quota sufficiente di tempo al lavoro, così da poter ambire al raggiungimento di posizioni di vertice nella professione.

In tutti gli altri casi, diventano necessarie e inevitabili le rinunce e le sottrazioni che la famiglia impone al lavoro, con la conseguente riduzione della probabilità di assumere ruoli di rilievo. Ed ecco che una condizione di difficoltà, di maggiore responsabilità dedicata all'accudimento della famiglia genera un paradossale e classico pregiudizio, la convinzione che le donne non siano tagliate per dirigere, per comandare, per prendere decisioni, come invece lo è un uomo.

E quindi?

Anche nelle professioni sanitarie, il futuro suggerisce di agire su almeno due fronti. Da una parte va promossa una sostanziale parità nell'accesso agli incarichi di vertice, dall'altra va risistemata l'intera organizzazione del lavoro, facendo in modo che finalmente si riesca a garantire un equilibrio che sia adeguato e sostenibile anche per le donne, e che si raggiunga la possibilità di conciliare il tempo della vita con il tempo del lavoro.

Per questo occorre promuovere iniziative che puntino a favorire da subito il superamento delle disuguaglianze uomo/donna, per garantire la parità di genere nell'accesso ai più elevati gradi delle carriere e promuovere la presenza paritaria delle donne nelle posizioni di vertice delle organizzazioni pubbliche e private nella sanità.

Un esempio in tal senso è quello della Leads, l'Associazione Donne Leader in Sanità presieduta da Patrizia Ravaioli. A partire dal 2022, la Leads in collaborazione con Luiss Business School ha avviato l'Osservatorio sulla equità di genere nella leadership in sanità, allo scopo di monitorare e favorire la parità di genere della leadership nelle organizzazioni pubbliche e private nel settore sanitario in Italia.

In parallelo, ha inaugurato proprio nel 2022 il premio

Leads rivolto a enti pubblici o privati accreditati ovvero aziende e associazioni, onlus ed enti del terzo settore, che si siano distinti nel favorire la leadership femminile nel settore sanitario e nelle scienze della vita. Dal 2023 il riconoscimento va anche a candidati che hanno ottenuto la certificazione della parità di genere sul posto di lavoro per eliminare il divario di retribuzione tra uomini e donne.

Spesso è la scarsità numerica del personale che obbliga chi lavora nella sanità ad accettare turni e ore straordinarie di lavoro che poi fatalmente rompono ogni possibile armonia tra le necessità della vita professionale e quelle della vita privata. È anche inutile ricordare ancora che le conseguenze più pesanti di tutto questo ricadono regolarmente soprattutto sulle lavoratrici.

I tanti tagli imposti in questi anni alla sanità pubblica hanno comportato nell'ultimo decennio una riduzione del personale del 6%. Questo rende indispensabile investire nuovamente sul numero di coloro che lavorano in ambito sanitario.

Ci sono buone probabilità che un progresso significativo giunga anche grazie al digitale. In questo ambito, i benefici nella diagnosi o lo sviluppo di piani di trattamento personalizzati potranno generare effetti positivi tanto sui carichi e sulla qualità del lavoro del personale medico quanto sui pazienti, grazie a servizi più efficienti, tempestivi e a diagnosi di maggiore qualità.

LINGUAGGIO DI OGGI E DOMANI

Ho appuntamento da un notaio, non lo conosco e qualche giorno prima di incontrarlo scopro che è una *lei*. Quindi quando entro nello studio la saluto con un «Buongiorno, notaia.»

«No, per carità, mi chiami notaio, per favore!» risponde lei. Pensavo di dire la cosa giusta, ma non era giusta per lei.

Declinare al femminile sì o no? Siamo ancora in un'epoca fluida, con posizioni divergenti. La mia posizione è che la femminilizzazione dell'incarico ha il significato di riempire uno spazio, di creare una consuetudine, un mondo di possibilità aumentate. Per lei, credo fosse la conquista di uno status. Avvocato, notaio, ministro... In questi anni di incontri e dialoghi istituzionali mi è capitato per esempio di interloquire con *la ministra* o con *il ministro*, a seconda delle preferenze.

Qualcuna dice che non è importante, importante piuttosto è accedere ai ruoli apicali. Altre la pensano al contrario, poiché il linguaggio riflette la cultura, riflette la rappresentazione che ci facciamo della realtà. Mantenere la versione maschile del mondo significa che ogni donna che accede a incarichi di potere resta una eccezione? O la versione femminile di qualunque incarico, anche quando suona strana e magari un po' cacofonica solo perché nuova all'orecchio, apre a una percezione della realtà più larga?

Ripartiamo dall'inizio. Alla scuola elementare, quando ci avviciniamo allo studio della grammatica, impariamo presto che nella lingua esistono i generi. In quella italiana, sono due: il maschile e il femminile, di solito si elencano in quest'ordine. Chi poi più avanti ha studiato il latino e il greco ha fatto i conti con un terzo genere: il neutro.

Se le questioni di genere sono solitamente una faccenda universale, con caratteristiche che ritroviamo più o meno simili in tutto il mondo occidentale pur con differenze a volte significative tra paese e paese, le lingue restringono ovviamente i propri effetti esclusivamente alle comunità che le parlano, hanno punti di diversità spesso molto marcati, anche a proposito delle regole che disciplinano l'uso dei generi.

C'è un aspetto nella grammatica della nostra lingua che resta del tutto implicito fin da quando la studiamo da bambini: l'italiano non è una lingua inclusiva.

Il sistema dei generi dell'italiano è intanto strettamente binario, prevede cioè solo il maschile e il femminile, in più riserva al maschile un evidente ruolo dominante, gli riconosce un connotato universale e non solo di opposizione al femminile. Ci hanno spiegato e insegnato, nel corso dello studio della grammatica italiana, che se dobbiamo riferirci a un gruppo di persone, il gruppo avrà genere femminile soltanto se tutti gli appartenenti a quel gruppo sono femmine. Viceversa, anche un insieme di donne con la presenza di un solo maschio, prenderà il maschile come genere grammaticale. Vuol dire che il femminile resta un genere *marcato* e non universale, andrà cioè utilizzato solo in determinati casi specifici. Del resto, ciascuno di noi se parla di una collettività estesa e variegata, userà la parola *uomini*. Avvertiamo la necessità di parlare di *donne* solo se la collettività è composta esclusivamente da donne, dunque da una parte del mondo specifica e ben identificata.

Se il mondo è disuguale, la lingua sarà disuguale. Possiamo partire dalla storia remota e accorgerci, come abbiamo già visto riportando osservazioni del volume di Elisabetta Serafini e Caterina di Paolo, che per chi racconta l'alba della nostra specie non esiste alcuna *donna primitiva*, esistono soltanto l'*uomo primitivo* e l'*homo sapiens*. E tutto questo è fortemente indicativo quando parliamo di inclusività della lingua e ci chiediamo come mai la nostra lingua sia strutturata esattamente in questa maniera.

Come fa notare il professor Paolo Acquaviva, *senior lecturer* di lingua italiana all'University College di Dublino, il meccanismo in base al quale modelliamo la categoria di genere è la nostra modalità di interpretazione della realtà. E questo va molto oltre l'interpretazione del momento a cui la nostra frase può riferirsi. *Paolo e Francesca sono amanti* non nasce semplicemente dall'idea che in quell'istante la figura maschile sia più rilevante, nasce sullo sfondo di una lettura ed elaborazione del mondo complessiva, in cui la normalità è maschio. Il maschile rappresenta la totalità e dunque raccoglie su di sé anche l'indistinto, il femminile rappresenta invece un aspetto, un profilo particolare, una fetta sola dell'universo.

Retrocedere alle origini della nostra lingua ci mette al confronto con il latino e con i presupposti di tutto ciò, e malgrado le differenze che esistono tra i due idiomi, visto che l'italiano è solo una delle possibili evoluzioni del latino, esiste una significativa fedeltà alle categorie di genere create dalla lingua di Cicerone. In latino, malgrado l'esistenza del neutro, i nomi collettivi erano espressi con il genere maschile. Erano le parole *homo* e *homines* a indicare la specie umana in generale e una qualsiasi collettività. Abbiamo ereditato e importato la disuguaglianza dei padri, e di una società in cui non è difficile ricostruire la sostanziale marginalità in cui era tenuta la donna.

Un altro lampante riferimento a questo squilibrio che viene da lontano è dato dall'espressione *pater familias*. Anch'essa ereditata e fatta nostra, segnale non solo di un orientamento linguistico ma di una cultura patriarcale, nella quale il ruolo del maschio prevedeva una incisiva forma di dominio sull'intera famiglia, mentre il ruolo della donna non sottintendeva che obbedienza e cura di marito e figli.

Il problema non riguarda esclusivamente noi italiani. Altre lingue romanze, come la nostra provenienti dal latino, ritagliano al genere maschile la stessa centralità e lo stesso dominio previsti dalle leggi e dalle regole sociali.

E veniamo all'asterisco oppure allo schwa, i due segni grafici che in anni recenti hanno scatenato dibattiti allarmati e focosi a proposito dell'evoluzione, in questo caso soprattutto scritta, della nostra lingua. Da un lato i conservatori che inorridiscono di fronte a ciò che considerano una violenza imposta alla lingua, dall'altra gli innovatori che si sentono avanguardia di una posizione che finalmente potrà schiodare il genere maschile dal suo ruolo egemone. Oggi ci capita di leggere *Paolo e Francesca sono amant**, oppure *Paolo e Francesca sono amantə*. E intanto sono già numerosi coloro che hanno adottato questa soluzione nella scrittura ordinaria dei propri testi. Un ragazzo impegnato nel 2023 nell'esame di maturità in un liceo di Roma ha consegnato alla commissione esaminatrice il suo compito di italiano nel quale aveva sistematicamente usato lo schwa, la e rovesciata che per tanti è la vocale della discordia. È in realtà un carattere dell'ebraico medievale, che successivamente alcuni linguisti hanno utilizzato per riportare un suono intermedio tra due vocali, e che in seguito l'alfabeto fonetico internazionale ha fatto proprio, quando fu realizzato sul finire dell'Ottocento.

Al di là degli strenui oppositori, il tentativo di partire

dalla lingua per conquistarsi rilevanza e rompere un disequilibrio secolare, è chiaramente un'operazione complicata. È certamente una strada possibile, che tuttavia si inerpica tra una serie di convinzioni radicate che continuano a disegnare il mondo come un affare sostanzialmente da maschi. Il punto è avventurarsi comunque in una piccola rivoluzione della lingua, inaugurare una marcia culturale durante la quale far valere nuovi profili e nuove istanze, e non importa se i risultati che si conseguiranno avranno un valore talvolta concreto e qualche volta solo simbolico. Saranno comunque un'evoluzione civile. Ha in fondo poco senso chiedersi se dev'essere la sensibilità collettiva di una comunità a orientare gli indirizzi della lingua, o se invece è la lingua che potrà guidare l'umore futuro della comunità. Procedere verso la conquista di una società che abbia un suo pieno equilibrio tra generi significa non lasciare indietro alcun elemento utile, significa non trascurare nulla che aiuti a tagliare il traguardo.

Tra gli oppositori, ha voluto esserci anche l'Accademia della Crusca, che nel marzo del 2023 è intervenuta sconsigliando soluzioni che prevedano l'uso di asterisco o schwa, poiché in buona sostanza ritenute *ideologiche*. Precedentemente si era già pronunciato Paolo d'Achille, linguista divenuto poi nell'aprile del 2023 presidente della Crusca, evidenziando l'assenza di motivazioni per l'utilizzo dello schwa, poiché non presente nell'italiano standard che invece vede la presenza di due generi, quello femminile e quello maschile. Ammettendo d'altra parte che il genere grammaticale e l'identità di genere sono fatti diversi.

Qualcuno deve aver creduto che il ricorso alla Crusca fosse la data spartiacque, la sentenza inappellabile chiamata a decidere la sorte del dibattito. Ma il dibattito non è affatto chiuso. Del resto, nel panorama degli accademici della lingua il fronte è tutt'altro che compatto. Vera Gheno, autorevolissima sociolinguista dell'Università di Firenze, è su posizioni del tutto differenti.

Lei stessa ha sistematicamente collaborato con la Crusca quando la questione schwa cominciava a farsi viva. A suo avviso non si tratta affatto di una imposizione dall'alto che la grammatica è costretta a subire, al massimo la si può considerare una forma di sperimentazione. Secondo la Gheno, lo schwa non è la soluzione a tutti i dilemmi e a tutti i problemi. Bisogna anche tener conto del fatto che per tanti un segno, peraltro non appartenente all'alfabeto italiano, potrebbe rappresentare un ostacolo, se non addirittura una difficoltà. Dobbiamo saper prevedere che solo una parte di coloro che usano la lingua dispongono di mezzi sufficienti per utilizzare lo schwa in modo corretto, il rischio che tanti non ne comprendano il significato e le modalità d'uso è in effetti piuttosto alto. In ogni caso, perché non provare a sperimentare, a esplorare nuove strade in nome di un risultato così decisivo?

Intanto sul mercato dei libri c'è già una casa editrice, si tratta di Effequ, che nei suoi volumi ha deciso di usare lo schwa. Tutto è nato proprio con una pubblicazione di Vera Gheno, dal titolo *Femminili singolari*. Dopodiché i due titolari di Effequ, Silvia Costantino e Francesco Quatraro, hanno deciso di dare seguito a questo esperimento. Lo stesso Quatraro fa notare un risvolto interessante, e cioè che una volta le norme diventavano tali prima nell'orale e soltanto dopo nello scritto, oggi questo processo può dirsi invertito, certamente a causa soprattutto dei social network.

La scrittrice Lorenza Bernardi è invece autrice di un volume dal titolo *Ragazz**. Lei ha scelto il partito grafico dell'asterisco, ma poco cambia. Ospite nel marzo del 2023 di una puntata di Mattino Cinque News, ha chiarito che secondo lei abbiamo oggi giovani molto più sensibili a questi temi.

E a proposito di normative e atti più o meno istituzionali, è una primizia assoluta la scelta fatta recentemente dal comune di Castelfranco Emilia, che lo schwa l'ha inserito nella sua comunicazione diffusa su tutti i canali social.

Nel giugno del 2019 si è disputato in Francia il mondiale di calcio femminile. È stato un successo che probabilmente nessuno immaginava, almeno non nelle dimensioni a cui è arrivato. Forse per la prima volta il nostro paese si è accorto davvero che esisteva un'Italia femminile del calcio, che anche le donne indossavano la maglia azzurra. Per la prima volta riuscivamo a prenderle sul serio e a fare addirittura il tifo per loro. Quel trionfo improvviso di attenzione nazionale ha fatto nascere in quei giorni numerosi interrogativi legati alle parole. Sul termine giocatrici non è nato nessun problema, la parola per fortuna già esisteva e nessuno ha dovuto arrampicarsi su neologismi. Lo stesso è accaduto con calciatrice, che è nato spontaneamente tempo fa, senza forzature e senza creare grandi traumi, tanto da trovare il suo spazio di diffusione.

Ma per esempio ci si è dovuti preoccupare se la marcatura a uomo può restare una marcatura a uomo anche quando giocano donne. Soprattutto, il vero grande dilemma ci ha costretti a riflettere se occorreva pensare a un riadattamento nella designazione dei ruoli. Un portiere nel calcio femminile diventa una portiera? E un terzino resta un terzino quando è femmina oppure dobbiamo convincerci che sulla fascia corra una terzina? Per un po' anche i cronisti di giornali e tv hanno avuto qualche imbarazzo. Molti editoriali si sono confrontati con un tema stavolta sollecitato dallo sport: la libertà delle donne, la loro emancipazione, passa per la femminilizzazione della lingua?

Per qualcuno le parole tutte al maschile del calcio avevano le ore contate, doveva per forza essere così e bisognava immediatamente inventarsi un nuovo vocabolario calcistico per donne. Ma non è stato tanto semplice come appariva, e comunque per procedere non si poteva non chiedere anche a loro, a quelle che vanno in campo. A colei cui toccava difendere i pali della porta italiana, Laura Giuliani, fu dunque posta una domanda: «Scusi, lei si sente un portiere o una portiera?» La signorina sorrise cortesemente e senza mostrare dubbi disse di sentirsi un portiere, che portiera suona malissimo e che non sarebbe servito a farla sentire più rispettata. Dal medesimo interrogativo posto a chi giocava da terzino si ricavò esattamente la stessa risposta. Nemmeno la giocatrice con la fascia al braccio ha chiesto di essere una capitana, ha preferito restare un capitano, il vecchio grado dev'esserle sembrato più autorevole.

E sempre la stessa versione è giunta dagli arbitri, nessuna ha dichiarato di voler essere un'arbitra. Eppure alcune, proprio all'indomani di quel Mondiale, hanno tratto grande beneficio per la loro carriera di direttore di gara. Sono però rimaste arbitri con desinenza maschile, e così hanno scalato posizioni e sono arrivate a dirigere partite, e partite che contano, nei più importanti campionati per uomini.

Maria Sole Ferrieri Caputi è la prima donna arbitro della nostra serie A maschile, e solo qualche anno fa questo pareva un traguardo inavvicinabile. Si direbbe che una parte significativa di chi conquista territori tradizionalmente maschili voglia che le parole restino intatte, non mostra alcuna necessità di passare per un rinnovamento del lessico, per un riadattamento delle desinenze. L'orecchio, l'abitudine alle parole, sembra un argomento più forte dell'emancipazione linguistica.

Al Festival di Sanremo del 2021 Amadeus chiamò sul palco Beatrice Venezi, la quale dichiarò senza alcun tentennamento che il suo ruolo aveva un nome preciso ed era direttore d'orchestra, non direttrice. Mesi più tardi, in un'intervista al *Corriere della Sera*, poiché il tema che la riguardava restava aperto, aggiunse che a suo avviso concentrarsi sulla questione linguistica facesse perdere di vista il vero punto sostanziale, e cioè il racconto della grandezza delle donne.

È certamente doveroso lasciare a ciascuno il diritto di farsi attribuire il nome che desidera, di sicuro se un direttore d'orchestra è solo e sempre un direttore, questo avviene soprattutto perché alle donne il ruolo non era mai stato concesso. Ma il profilo che più le interessa sottolineare, alla fine, è che il titolo di direttore d'orchestra se l'è sudato e dunque oggi non intende per nessun motivo rinunciarci. Il dubbio è che stia anche lei difendendo quel patriarcato che nel suo mondo da sempre custodisce il primato maschile.

Se fatichi e sudi per diventare un direttore, poi vuoi essere un direttore, la faccenda assume un'aria del tutto personale. Il tuo inseguimento sorpassa qualsiasi bisogno di rivendicazione collettiva: tu ce l'hai fatta e ora ciò che prevale è solo la voglia di appartenere al mondo che sognavi. Perché mai cambiarlo proprio ora?

Sul finire dell'ottobre 2022, Giorgia Meloni appena insediatasi a Palazzo Chigi fa diffondere una nota al suo ufficio di comunicazione nella quale si indica come appellativo da utilizzare il *Signor Presidente del Consiglio dei Ministri*. È la precisazione che vorrebbe definitivamente risolvere il piccolo cortocircuito linguistico nel quale i giornali si sono ritrovati in quei giorni. Mai l'Italia ha avuto un presidente del Consiglio donna, dunque siamo tutti debuttanti e si fa fatica a regolarsi.

Probabilmente, le reazioni che ridicolizzano il comunicato di Palazzo Chigi superano quelle che manifestano approvazione. E così, nella stessa serata di quel 28 ottobre, lo stesso ufficio comunicazione emette una rettifica in cui precisa che la formula è stata indicata dall'ufficio del Cerimoniale di Stato e per le Onorificenze.

Tuttavia, il presidente del Consiglio Giorgia Meloni insiste che l'appellativo da utilizzare nelle comunicazioni istituzionali sia il *Presidente del Consiglio dei Ministri* chiedendo di non tenere conto della nota precedente.

I mestieri si legano a una forte connotazione sociale, questo complica per le stesse donne la scelta tra la femminilizzazione della carica e l'attaccamento alla vecchia e tradizionale versione maschile. L'autorevolissimo linguista Vittorio Coletti, in un intervento per conto della Crusca nel 2021, fa notare che in Liguria architetta è diventato titolo ufficiale riconosciuto dall'Ordine degli Architetti; ma precisa anche che alcune architette preferirebbero mantenere l'appellativo al maschile. Vero è che il femminile sta guadagnando posizioni nella nostra lingua, nei titoli di mestiere e professione.

Coletti sottolinea il ruolo determinante dell'abitudine, che fa apparire anomali o addirittura ridicoli parole e nomi solo perché mai usati prima. Titoli come dottoressa o professoressa sono nati con un taglio spregiativo, verso donne inaspettatamente colte, ma oggi sono titoli sdoganati e rispettati.

Accettare le parole a volte prevede un percorso di diffusione sociale particolarmente tortuoso e spesso imprevedibile. Secondo Coletti, infatti, alcune coppie di titoli come sarta e sarto, o infermiera e infermiere sono comunemente accolte mentre si trovano ancora resistenze su coppie come ingegnera e ingegnere. La realtà è in evoluzione, così come la società, e comporta interrogativi linguistici quando si pensa a professioni ancora appannaggio degli uomini, in parte o del tutto, come il femminile di muratore... sarà muratora o muratrice?

Va considerato poi un ulteriore aspetto su cui i comportamenti sociali e la lingua complicano ancora di più la loro relazione. Pensiamo al caso delle parole maestro e maestra. Poiché nella professione di insegnante delle scuole elementari siamo abituati da decenni a considerare che ci siano donne, l'appellativo di maestra non offenderà nessuno. Se la stessa parola la riservassimo però a una direttrice (o direttore, per carità) d'orchestra – e abbiamo visto che il caso non è soltanto astratto – è verosimile che non la prenda bene e che consideri maestro il solo titolo accettabile. E del resto sappiamo bene che a una bidella e una cameriera siamo abituatissimi, lo siamo decisamente meno a un casalingo o a uno stiratore. Quando sentiamo dire manicurista, ci viene mai in mente un uomo? Viviamo in un mondo nel quale se alle elezioni comunali sono candidate solo donne, si correrà comunque per la carica di sindaco.

Tutto questo pone un dilemma: è la lingua che fa da traino alle evoluzioni sociali o il contrario? Di solito, ma non è una regola, accade che i cambiamenti della lingua provengano da modifiche dello spirito collettivo o delle abitudini sociali. Dalla lingua si può anche partire, ed è bene provarci, ma tentare di imporre formule nuove resterà un tentativo di difficile realizzazione fino a quando la società non farà propria una nuova sensibilità.

Prima degli anni Settanta, epoca in cui i movimenti femministi per la prima volta acquisivano la forza per farsi ascoltare, nessuno si era mai accorto che il linguaggio era sessista e veicolo di sessismo. Del resto, mai l'uso dei pronomi maschili al posto di quelli generici era stato considerato sessista. L'uso di un linguaggio con alcune forme neutre rispetto al genere è diventato una caratteristica comune nelle versioni scritte e parlate di molte lingue soltanto sul finire del Novecento. E sempre i movimenti femministi hanno fatto notare che nella storia la pratica di assegnare il genere maschile sempre e comunque era soprattutto l'effetto di un linguaggio che continuava a riflettere le abitudini di un mondo che conservava il suo connotato patriarcale e maschilista.

OLTRE I CONFINI

Espandere i propri confini e mettersi nelle condizioni di aprirsi alle numerose diversità è impagabile. Perché è vero che esiste una cornice globale all'interno della quale un tema come l'empowerment femminile trova punti comuni, ma con sguardi e storie molto diverse tra loro. Dalle quali imparare un sacco di cose.

Shahrzad Rafati è una imprenditrice canadese, di nascita iraniana. Di grande talento e altrettanto grande successo. Una imprenditrice STEM che ha fondato la sua prima società a vent'anni. Oggi, che di anni ne ha circa 40, ha quotato in borsa una società, una delle 10 migliori quotazioni tecnologiche di tutti i tempi, nonché la più grande in assoluto con un'unica fondatrice e CEO donna e la prima nel settore tecnologico.

Shahrzad è una vera *advocate* delle donne, a partire dalla sua impresa che misura il successo non solo in base alle prestazioni finanziarie ma anche ai KPI sociali, ambientali e delle persone. RHEI ha un divario retributivo dello 0%, ha raggiunto il 50% di rappresentanza femminile al livello di consiglio di amministrazione, il 40% dei suoi dipendenti si identifica come donna e il 45% dei suoi manager si identifica come donna.

In Italia diremmo che è una attivista; si impegna realmente per incoraggiare il cambiamento sociale ed è una campionessa dell'uguaglianza in tutte le forme. Si impegna attivamente e con passione a difesa del clima, a favore dell'istruzione e nella promozione delle opportunità per donne e ragazze.

Supporta una serie di consigli di amministrazione e associazioni, che comprendono gruppi di investimento canadesi, aziende leader nel settore dei media e della tecnologia, leader globali nel design e nell'architettura e organizzazioni non profit.

Nel settembre 2018 il primo ministro Justin Trudeau l'ha incaricata di rappresentare il Canada nella task force del G20 Business Women Leader, un'iniziativa globale per promuovere soluzioni attuabili, misurabili e orientate ai risultati per avere un impatto sull'emancipazione economica delle donne. Nel 2020, in linea con il precedente incarico, Trudeau ha nominato Shahrzad per portare avanti questo lavoro come co-presidente del G20 Empower.

Ed è proprio nel 2020 che faccio il mio incontro magico con lei, un incontro che si è trasformato in questi anni in un impegno comune e condiviso per l'empowerment femminile.

Nell'aprile di quell'anno, nel pieno del primo lockdown – in una Milano rinchiusa e deserta – ricevetti una telefonata che aprì un nuovo capitolo della mia esperienza e del mio impegno a favore dell'equità e dell'inclusione. Ero da poco meno di un anno presidente di Valore D e nel mio ruolo avevo avviato un dialogo con le istituzioni per accelerare il processo di empowerment femminile, e per favorire impegni di reciprocità tra settore privato e istituzioni su iniziative a sostegno del progresso, mettendo a disposizione del governo strumenti, metodologie ed esperienze della più importante associazione di imprese sull'inclusione di genere nel nostro paese.

Gli effetti pandemici sarebbero stati di lì a poco evidenti: perdita di posti di lavoro a prevalenza femminile, rinuncia al lavoro per carichi di cura, occupazione femminile concentrata nei settori più fragili impattati dal Covid-19. Volevo che Valore D facesse la sua parte concretamente e anche nel dibattito pubblico che si era riacceso. Insomma, non sarebbe stata la pandemia a bloccare l'impegno dell'associazione, che anzi intensificò le azioni e le iniziative proprio a fronte degli impatti drammatici sulle donne. Il Covid-19 riportava in prima pagina un problema cronico del nostro paese, con una metà dei suoi cittadini – le donne, appunto – in larga parte fuori dal mercato del lavoro.

La telefonata proveniva dalla presidenza del Consiglio, per la precisione dalla ministra per le Pari Opportunità e la Famiglia, Elena Bonetti, che mi proponeva di rappresentare l'Italia al tavolo G20 Empower, il gruppo di lavoro dedicato all'engagement femminile e al tema della leadership di genere nel settore privato.

Nato nel 1999, il G20 è il principale forum di cooperazione economica e finanziaria a livello globale. Si tiene ogni anno e riunisce le principali economie del mondo: Canada, Francia, Germania, Giappone, Regno Unito e Stati Uniti (cioè i paesi del G7), i paesi del gruppo Brics (Brasile, Russia, India, Cina e Sudafrica) e anche Arabia Saudita, Australia, Argentina, Corea del Sud, Indonesia, Messico e Turchia. A questi si aggiunge anche l'Unione Europea. Si tratta di un gruppo di paesi che costituiscono l'80% del PIL globale nonché il 60% della popolazione del pianeta. L'agenda è ampia: dal debito alla lotta per il clima con la necessità di una risposta globale. Nel corso degli anni, nella prospettiva di aumentare l'inclusività del processo decisionale del forum, i meeting tra capi di stato e di governo sono stati affiancati da *engagement group*. Sono dei gruppi di lavoro settoriali che seguono in modo indipendente specifici filoni tematici e forniscono le proprie raccomandazioni ai governi membri prima del vertice finale.

Tra le principali sfide, il tema dell'empowerment femminile e dell'accesso a posizioni di leadership rappresenta una delle priorità da indirizzare, in uno scenario complessivo che fatica a progredire.

Così nell'aprile 2020 accettai la sfida, quella di rappresentare il mio paese al tavolo, senza realizzare immediatamente che alcuni mesi più tardi sarei stata chiamata ad assumere io stessa la guida di quel G20 Empower. Nell'ottobre 2020, mentre entravamo nel secondo lockdown, l'Italia assunse infatti la presidenza del G20 per affrontare le sfide post-Covid; le parole chiave furono *people-planet-prosperity*.

La situazione globale è questa: le donne rappresentano circa metà della popolazione mondiale, ma solo il 47% di esse lavora (25 punti di differenza con gli uomini) contribuendo al GDP globale per circa il 37%.

Solo il 27% di donne occupa posizioni manageriali, il 26% siede in un consiglio di amministrazione. I numeri crollano ulteriormente se guardiamo ai CEO delle Fortune 500 Companies: 4,8%.

A partire da questo scenario il gruppo G20 Empower, che riunisce leader del settore privato e le controparti governative, ha l'obiettivo di definire proposte concrete atte a promuovere l'avanzamento femminile nelle posizioni apicali. L'alleanza è stata creata in base alle raccomandazioni del Canada e supportata dalla presidenza giapponese del G20 che l'ha annunciata al summit di Osaka nel 2019. È stata poi avviata dalla presidenza saudita nel 2020 con la definizione di una prima bozza di *pledge* e il coinvolgimento dei primi *advocate*, CEO del settore privato che *hanno messo la faccia* nel promuovere e portare avanti le indicazioni del gruppo.

Il tema della leadership inclusiva è quindi una questione globale: trovare nelle differenze culturali, politiche e sociali un terreno comune per progredire insieme è stata la mia sfida come *chair* del tavolo di lavoro sotto la presidenza italiana. Essere concreti, rilevanti e inclusivi lo è stato altrettanto. Ma come conciliare tutto questo in uno scenario di profonde differenze sociali, culturali, economiche?

Avanzare *meno delle mie aspirazioni, ma tutti insieme* è stata la ricetta personale che ho elaborato a valle di preziosi scambi con esponenti del nostro corpo diplomatico al lavoro per il summit. Strappare e forzare, cercare di cambiare il mondo in otto mesi avrebbe quasi certamente spaccato il gruppo di lavoro e richiesto un passo indietro da parte di alcuni paesi.

Ma d'altra parte si prospettava una occasione unica di incidere, anche solo di un *inch*, su una delle questioni globali più urgenti.

Primo passo è stato stabilire alleanze solide: ho guidato il tavolo G20 Empower coadiuvata dai rappresentanti di Giappone, Canada e Arabia Saudita secondo un principio di *troika allargata*. Il Canada con Shahrzad aveva ideato e proposto l'iniziativa, il Giappone a Osaka aveva annunciato l'avvio dei lavori, l'Arabia Saudita aveva guidato il primo anno. Era doveroso e anche utile tenere tutti a bordo. E le differenze tra i nostri rispettivi paesi sarebbero state una palestra preziosa per testare la mia visione e gli obiettivi.

L'esperienza di Valore D era l'asso nella manica: come esportare il patrimonio di conoscenze, metodologie e risultati su un piano internazionale? Barbara Falcomer, direttrice generale di Valore D, è stata la mia *deputy* e preziosa consigliera e alleata. E abbiamo potuto attivare le risorse e le competenze dell'associazione, prima fra tutte la responsabile del Centro Studi, Ulrike Sauerwald, che ha coordinato i rapporti con OCSE, ILO e World Economic Forum. Paola Trotta, responsabile della comunicazione di Valore D, ha dato fondo alle sue capacità e competenze per attivare intorno a G20 Empower la stampa e gli stakeholder istituzionali del nostro paese mentre una straordinaria sherpa, Gaia Van der Esch, ha completato il dream team italiano.

Non avevamo un piano predefinito da portare avanti... il piano eravamo noi! Il foglio bianco è sempre il momento che mescola creatività e ansia. Ma l'esperienza e la competenza rappresentano la solidità progettuale. Quindi anzitutto occorreva partire dal *problem statement*, per fornire un quadro puntuale della situazione sostenuto da dati ed evidenze. Un'analisi della situazione globale, con le sue debolezze, le sue iniquità, i suoi anacronismi era fondamentale. Serviva avere una fonte riconosciuta e accreditata: in questo OCSE e ILO sono stati due formidabili alleati nel lavoro, e ci hanno accompagnato lungo tutto il percorso.

Quale soluzione al problema? Questo il punto fondamentale. Stabilire una roadmap condivisa, ma con un set di azioni concrete. Tra la nostra esperienza e visione, il pragmatismo strategico del team canadese, il rigore metodologico delle amiche giapponesi, e lo slancio ad accelerare il cambiamento della collega saudita abbiamo messo a punto tre obiettivi chiave, sufficientemente ampi da essere inclusivi ma pragmatici e fattuali per generare un impatto:

1. La misurazione e il monitoraggio continuo dei *key performance indicators* identificati per l'avanzamento delle donne in ruoli di leadership;

2. La promozione di policy per rafforzare la *pipeline* dei talenti femminili nell'organizzazione;

3. L'ideazione di un approccio pragmatico per lo sviluppo delle competenze necessarie ad affrontare le sfide del futuro.

Per ciascuno di essi abbiamo poi identificato indicatori chiari e misurabili.

Ma non ci bastava, volevamo un impegno concreto sulle azioni che il settore privato doveva (e deve) introdurre, e volevamo un impegno dei governi nell'implementazione delle policy atte a coadiuvare il mondo delle imprese.

Parlando di diversità, il tavolo comprendeva ventotto paesi - includendo otto paesi ospiti - i rappresentanti dell'OCSE, dell'ILO già citati, e del World Economic Forum.

Due prestigiose società di consulenza strategica, McKinsey e Boston Consulting Group - storicamente competitor ma unite in questo caso da una giusta causa - ci hanno fornito il loro contributo, rispettivamente nella gestione dei lavori e nella conduzione dei gruppi, e nella messa a punto e revisione della documentazione relativa alle buone pratiche raccolte a livello globale.

Concretezza e misurabilità sono state la guida a tutte le decisioni prese e concordate al tavolo, ma fare proposte operative non sembrava sufficiente. Con questo spirito abbiamo raccolto le migliori pratiche da ventitré paesi sui ventotto presenti, producendo una prima versione assoluta – mai realizzata prima a livello mondiale – di un *playbook* contenente 160 policy. Non sono mancate occasioni per promuovere il lavoro fatto, convegni, interviste, dibattiti. Ho sempre ribadito che le scuse erano esaurite; a fronte di un lavoro sistematico e organizzato, con centinaia di esempi di policy attuate con successo e iniziative già implementate... bastava copiare. Incluso il fatto che, solo quell'anno, abbiamo coinvolto e portato a bordo 500 *advocate*, tra CEO e presidenti di aziende private in tutto il mondo.

Il 6 luglio 2021, la presidenza del Consiglio mi ha fatto pervenire una lettera a firma del presidente Mario Draghi che ringraziava per il lavoro svolto e confermava l'endorsement del Leaders' Summit, da lui presieduto, al nostro gruppo e ai suoi risultati includendolo nella *final declaration*.

La lettera chiudeva così: *Our decisions today determine how our society will evolve in the future. It is up to us to empower a new generation of women.*

Concluso il capitolo a guida italiana, cosa è successo? L'impegno del G20 Empower è proseguito sulla stessa linea di indirizzo con la presidenza indonesiana e poi con quella indiana; con alcune integrazioni correlate alla struttura economica e sociale di riferimento. Un focus sull'imprenditoria femminile, per esempio, è stato introdotto dalla *chair* per l'Indonesia. Un significativo sforzo è stato condotto dalla presidenza indiana sulle competenze STEM.

Avevamo piantato un seme di collaborazione e di sviluppo collettivo. Ma non avevamo fatto i conti con il limite strutturale del gruppo, semplicemente perché appartenenti al mondo delle imprese, e quindi meno avvezze alle dinamiche di politica internazionale.

La presidenza G20 del Brasile è stata la prima a non aver voluto avviare i lavori del tavolo G20 Empower, adducendo le poche risorse disponibili come ragione principale. Secondo alcuni, la vera motivazione è di non aver voluto lavorare al tema in collaborazione con il settore privato. Qualunque sia la vera ragione, è stato per il gruppo di lavoro un momento di importante riflessione, in particolare su due fronti: il primo, la debolezza di dipendere dalla decisione del singolo paese per proseguire nell'impegno di questa alleanza. Il secondo, che occorre trovare e promuovere accordi che ne garantiscano il prosieguo.

Mentre scrivo ho appena ricevuto la buona notizia che i lavori del tavolo riprenderanno a breve sotto la presidenza del Sudafrica ma resta il fatto che insieme ai paesi della Troika stiamo lavorando per trovare una chiave che garantisca la continuità dei lavori. La matrice privata di G20 Empower può e deve essere sinonimo di autonomia da dinamiche politiche che ci sono estranee. Vedremo.

Tornando al lavoro svolto. Uno dei temi affrontati con particolare impegno attraverso tutte le presidenze riguarda il gap di genere nelle materie STEM. Ne è emerso un interessante scenario globale. La presenza femminile nel mondo tecnico e scientifico è più debole nelle economie occidentali, nonostante nelle società più moderne da un punto di vista culturale ed economico le donne godano di una maggiore uguaglianza.

Nei paesi con economie in via di sviluppo, invece, le politiche educative e formative sono state – e sono tuttora – guidate da obiettivi di tipo economico. La carenza di personale istruito spinge a concentrare lo sforzo sugli studi STEM che peraltro rappresentano per le donne una corsia accelerata per l'emancipazione sociale ed economica. Come ulteriore conseguenza positiva, ha bloccato o indebolito lo stereotipo di genere che vuole le donne meno portate per le materie scientifiche.

Diversa la storia nelle economie occidentali dove ha avuto – e continua ad avere credito, ahimè – l'argomento secondo cui la segregazione sessuale nelle STEM dipende da una libera scelta delle donne, come si trattasse di preferenze innate. Le aspirazioni di carriera in realtà sono influenzate da convinzioni su noi stessi, da credenze sugli altri e degli altri, e dalle informazioni a disposizione sulle varie proposte educative e lavorative.

Dichiarazioni come quella di Lawrence Summers, allora dirigente dell'Università di Harvard, che nel 2005 affermò che le differenze biologiche innate potrebbero spiegare la presenza inferiore delle donne in matematica e nelle scienze di alto livello, sono pericolose e dannose. Anche perché provenienti da un esponente del mondo universitario. È pur vero che ci fu una sollevazione del mondo accademico e della società civile, ma è altrettanto vero che una parte di mondo continua a crederci e noi non facciamo abbastanza per fare informazione corretta e libera da stereotipi.

Sulla parità di genere siamo molto indietro a livello mondiale, ed è emblematico che la nostra presidenza sia stata così efficace nell'identificazione delle misure da attuare. Come dire che abbiamo chiaro, molto chiaro, cosa vada fatto e come farlo... ma manca del tutto un approccio sistemico e la sua attuazione.

Il *Global Gender Gap Report 2024* del World Economic Forum, giunto alla diciottesima edizione, contempla l'analisi di 146 paesi nel mondo e fornisce uno strumento utile per la comparazione internazionale sulla parità di genere.

Il benchmark è basato su quattro dimensioni chiave: la partecipazione e l'opportunità economica, l'istruzione, la salute e il benessere, l'empowerment politico. Le quattro dimensioni tracciano e delineano la strada da percorrere per il progresso nell'uguaglianza di genere.

Il Global Gender Gap Index misura i punteggi su una scala da 0 a 100 e i punteggi possono essere interpretati come la distanza percorsa verso la parità (cioè la percentuale del divario di genere che è stata colmata). Il punteggio globale del divario di genere nel 2024 per tutti i 146 paesi inclusi in questa edizione è pari al 68,5%, con un miglioramento di 0,1 punti percentuali rispetto all'edizione dell'anno precedente.

Al ritmo attuale, ci vorranno 134 anni per raggiungere la piena parità tra i generi, l'anno di raggiungimento dell'uguaglianza di genere previsto rimane quindi lo stesso dell'edizione precedente: 2154. Secondo il Global Gender Gap Index nessun paese ha ancora raggiunto la piena parità di genere. L'Islanda occupa la prima posizione, a seguire Norvegia e Finlandia. In ultima posizione c'è l'Afghanistan.

L'Italia si posiziona all'ottantasettesimo posto su 146 paesi, perdendo otto posizioni dall'anno precedente. Disastro! Mentre altri paesi europei con i quali è lecito confrontarsi, come la Spagna e la Germania, sono tra le prime 10.

Per dirla in maniera semplice, nonostante la nostra appartenenza al G7, nonostante la nostra appartenenza all'Unione Europea, siamo nella parte bassa della graduatoria per divario di genere in molti campi mentre resta sostanzialmente invariato lo score relativo all'accesso all'educazione e il posizionamento nel segmento salute e prospettive di vita.

Quello economico, innanzitutto, nonostante la parità nel settore dell'istruzione; gap salariale a parità di lavoro, bassa partecipazione al lavoro.

Quello politico, nonostante una premier donna e un capo dell'opposizione donna... ma guarda un po'. Quasi parità in Parlamento non corrisponde a parità di incarichi ministeriali. E così via.

La questione è sempre quella: non basta avere alcune donne di potere che si contano su una mano per assicurare la parità. Occorre un approccio sistemico, sui grandi numeri, per trasformare una società.

Mentre l'Europa assume il primato nella parità di genere, l'Italia è inchiodata. Non solo non è giusto socialmente, ma non ce lo possiamo più permettere economicamente.

MONEY, MONEY, MONEY!

Io non lo sapevo che quella era violenza economica. Ero una bambina. «Zio Luciano è tirchio» dicevano a casa, perché non c'era un modo di verbalizzare e codificare una violenza, quella economica, che non lascia segni sul corpo. Ma sull'anima, su quella, eccome!

Così la mia zia preferita, che chiameremo zia Eva, girava con un biglietto dei mezzi pubblici nel portamonete e con due soldi contati. Eppure, non c'era povertà in quella casa, se non quella dei sentimenti. Controllo, svalutazione, prevaricazione. Questo era. Io sapevo solo che quella relazione non mi piaceva, lui non mi piaceva. Però non ero in grado di dare un nome a quella situazione.

La storia di zia Eva non è purtroppo un fatto isolato, e nemmeno ascrivibile ad altri tempi. E non ha nemmeno un connotato sociale, economico, geografico. Quasi la metà delle donne in Italia subisce violenza economica in famiglia.

L'Istituto europeo per l'uguaglianza di genere la definisce:

qualsiasi atto o comportamento che causi un danno economico a un individuo può assumere la forma, ad esempio, di danni alla proprietà di limitazione dell'accesso alle risorse finanziarie all'istruzione o al mercato del lavoro o al mancato rispetto delle responsabilità economiche come gli alimenti.

Secondo lo studio di WeWorld e Ipsos *Ciò che è tuo è mio. Fare i conti con la violenza economica*, una donna su dieci dichiara che il partner le ha negato il permesso di lavorare. Più di una donna separata o divorziata su quattro dichiara di aver subito le decisioni finanziarie prese dal partner senza essere stata consultata prima.

Stando a quanto riportato da Cristoforo e Rossitto ne *L'altro dominio*, il 34% delle donne accolte nei centri antiviolenza sono vittime anche di quella economica.

In sostanza parliamo di tutti i comportamenti messi in atto per controllare l'abilità della donna di acquisire utilizzare e mantenere risorse economiche. L'abuso finanziario si verifica quando qualcuno esercita il controllo su qualcun altro allo scopo di limitarne la libertà e la dignità. Fa parte di un modello di controllo coercitivo e di abusi domestici caratterizzati da comportamenti sminuenti, minacciosi, intimidatori e prepotenti.

Le donne sono più spesso vittime di violenza economica perché hanno meno accesso al mercato del lavoro. Una donna su tre non ha una fonte di reddito personale, un terzo delle donne non ha un conto corrente personale, e due terzi delle donne hanno comunque scarse conoscenze in materia di finanza.

«L'economia sin da subito assegna agli uomini di andare sul mercato del lavoro e guadagnare soldi, lasciando le donne a casa non essendo retribuite. Sembra una cosa antica ma in Italia quattro donne su dieci non hanno un conto corrente. Lavora una donna su due fra quelle che potrebbero» ha dichiarato Azzurra Rinaldi, professoressa e autrice del libro *Le signore non parlano di soldi*. «Le operatrici dei centri antiviolenza ci dicono che il fatto che la donna non possa disporre del denaro è una delle leve fondamentali che impediscono la fuoriuscita da queste situazioni di violenza. Quindi purtroppo questa struttura, che è una struttura economica, incide sulla vita quotidiana di moltissime donne.»

La relazione tra donne e denaro affonda le sue radici nella storia, e come tale assume contorni spesso ambigui, tanto che sono le donne stesse spesso a non riconoscersi in una tale condizione. Lo vediamo anche in situazioni apparentemente meno drammatiche ma altrettanto cruciali per progredire; quelle del contesto professionale.

In Italia la differenza salariale tra donne e uomini nel settore privato è del 15,5% (Eurostat, 2021). È come se al bancone un uomo pagasse un caffè 1 euro, una donna 1 euro e 15 centesimi. E questo non è normale.

Cominciamo dall'inizio, parliamo della cosiddetta paghetta, che viene regolarmente erogata ai maschi mentre per le ragazze è piuttosto un regalo. Già questo racconta di una aspettativa verso i maschi che cominciano a gestire il denaro sin da piccoli rispetto alle femmine che più raramente vengono trattate nello stesso modo.

Sono stata una ragazzina privilegiata, perché io la paghetta la ricevevo ogni settimana, dall'età di otto anni. Accadeva ogni sabato mattina, cinquecento lire e io con quel gruzzolo mi facevo accompagnare all'edicola sotto casa dove acquistavo *Topolino* per me e *Corriere dei Piccoli* per Alessandra, mia sorella, che allora aveva quattro anni e quindi non ancora in età da paghetta. Mi piaceva consegnare personalmente il denaro all'edicolante, attendevo il mio resto e lo contavo con cura. Mi dava un grande senso di responsabilità e potere, lo confesso. Maneggiare il denaro è stato importante, così come comprenderne il potere d'acquisto. Non so se venga da così lontano ma appena ne ho avuta la possibilità ho cominciato a fare piccoli lavoretti retribuiti, e ho continuato per tutto il periodo universitario facendo fiere, promozioni commerciali, persino l'addetta ai pacchetti di Natale nei negozi. Mi pagavo le vacanze, i dischi, la pizza con gli amici. Ero fiera della mia indipendenza, che aveva il sapore della libertà di decidere, di scegliere, e forse anche di sbagliare.

Ma come si arriva al *gender pay gap*?

L'International Labour Organization (ILO) stima che nel mondo mediamente le donne siano pagate il 20% in meno degli uomini. Esistono ampie differenze tra i paesi, da un gap pari al 45% fino a differenze minime o addirittura assenti; analogamente il *gender pay gap* si è ridotto progressivamente in alcuni paesi mentre in altri le differenze rispetto al passato sono minime.

Il *gender pay gap* è un indice che misura la disuguaglianza retributiva tra donne e uomini. La maggior parte dei governi hanno promosso leggi per garantire l'uguaglianza di trattamento tra donne e uomini nella remunerazione. L'ILO Equal Remuneration Convention, 1951 (No. 100) è una di queste. Nonostante ciò, il *gender pay gap* persiste, il World Economic Forum stima che ci vorranno 202 anni per colmarlo, e lo fa sulla base dei trend osservati negli ultimi 12 anni. Anche quando le donne raggiungono ruoli meglio retribuiti, è facile che ci sia ancora un gap economico a parità di ruolo e prestazioni.

Il *gender pay gap* deve essere considerato nel contesto della più ampia disuguaglianza di genere, rappresenta cioè uno degli esempi più visibili della discriminazione strutturale tra i generi. Una più ampia partecipazione delle donne al mercato del lavoro, così come la loro educazione superiore, hanno dimostrato di non essere sufficienti a smontare questo meccanismo.

Occorre guardare all'insieme delle cause che proviamo a descrivere.

Una scarsa presenza di donne in ruoli di leadership. Non solo le donne sono meno rappresentate ai livelli più alti delle organizzazioni, ma tendono a essere concentrate in funzioni di supporto come le risorse umane o la finanza più che in ruoli strategici. Questo fenomeno contribuisce fortemente a mantenere la media salariale più bassa se confrontata con quella degli uomini.

Le ore lavorate. Il *gender pay gap* è spesso la conseguenza di schemi differenti di partecipazione al lavoro tra donne e uomini. ILO evidenzia che le donne ricorrono al part-time più degli uomini. Questo le porta facilmente a prendersi in carico responsabilità familiari non retribuite. D'altro canto, le donne sono costrette a ricorrere al part-time per la mancanza o la scarsità di strutture a sostegno della cura infantile. Questo le esclude dai benefici economici rivolti ai lavori full time, come ad esempio pacchetti di benefit e incrementi retributivi.

Uscita dal mercato del lavoro. Le donne più frequentemente degli uomini prendono pause dalla propria vita professionale per crescere figli, prendersi cura di anziani o persone malate della famiglia. Ciò significa che quando ritornano al lavoro con molta probabilità subiscono arresti nella progressione e nella remunerazione. In molti paesi, il fenomeno del part time e dell'interruzione della carriera possono ridursi grazie a un aumento dei servizi a supporto dei carichi familiari.

Educazione. In molte regioni del mondo le donne hanno superato gli uomini nell'educazione, inclusa la loro presenza nelle scienze, nella tecnologia e più in generale nelle materie STEM. Nonostante ciò, le donne sono meno presenti in ruoli professionali associati a stipendi più alti. Anche quando sono qualificate in materie STEM può essere complesso per loro ottenere e mantenere ruoli in queste aree perché sono tradizionalmente dominate da uomini.

Lavori da donna. Lo stereotipo dell'occupazione di genere deriva da una presenza predominante di donne in alcuni lavori. Questo fenomeno ha portato alla codifica dei cosiddetti mestieri femminili che vengono sottostimati e sottopagati rispetto a settori con una prevalenza maschile.

Nonostante i fenomeni sopra elencati possano spiegare gran parte del *gender pay gap*, non lo spiegano del tutto. Ci sono probabilmente fattori ancora sconosciuti ma ci sono anche aspetti della discriminazione basati sul sesso, laddove il lavoro svolto da una donna viene ancora percepito come a minor valore rispetto a quello svolto da un uomo. Ecco perché in assenza di metodi e pratiche oggettive, gli stereotipi di genere possono facilmente determinare una diversità di trattamento tra uomo e donna.

Ridurre il gap retributivo è importante per diverse ragioni, la prima tra tutte è che è giusto e doveroso. Ma per coloro che mostrano una scarsa attitudine al *fare la cosa giusta* porteremo altre ragioni. ILO stima che la riduzione del 25% entro il 2025 (cioè ora) porterebbe a un aumento del PIL globale del 3.9%, pari a 5,8 trilioni di dollari. Inoltre, sempre più tra le nuove generazioni l'etica e i valori di equità e di rispetto all'interno delle organizzazioni definiscono le scelte. Significa pertanto essere o non essere attrattivi nei confronti dei candidati che portano con sé molto spesso nuove e innovative competenze indispensabili alle aziende per continuare a competere sul mercato.

Gli stereotipi di genere determinano ancora oggi il modo in cui il mercato del lavoro gestisce uomini e donne, generando o mantenendo disparità di trattamento tra i due generi. Ma gli stereotipi riguardano le donne stesse, l'idea che hanno di sé come effetto degli stereotipi altrui.

I limiti nella autovalutazione delle donne riguardano l'assertività, l'autostima, l'avversione al rischio o la scarsa propensione alla competizione (Francine Blau e Lawrence Kahn, 2016). Purtroppo sono proprio queste caratteristiche che vengono meglio apprezzate e maggiormente retribuite sul mercato.

Nella mia lunga esperienza in azienda assisto solo da qualche anno a un nuovo fenomeno, giovani donne che vogliono avere un piano di carriera, chiedono una promozione e un aumento di stipendio. Non sono in grado di dire quanto il fenomeno sia diffuso, ma spero vivamente che questi comportamenti siano espressione di un cambiamento generazionale in atto. Quel che è certo è che a tutt'oggi in generale, come mi diceva un importante CEO, «davanti alla mia porta ho la coda di uomini che vogliono fare carriera mentre le donne devo andare a cercarle.»

EDUCAZIONE FINANZIARIA

La crescita dell'intera società passa anche attraverso una piena inclusione finanziaria. A oggi, gli uomini sono più propensi a innalzare le proprie conoscenze finanziare per prendere decisioni importanti e la propensione a imparare aumenta con il crescere del reddito. Nadia Linciano, responsabile della Divisione Studi di CONSOB, ha ricordato che le donne guadagnano meno a causa del *pay gap* e sono più vulnerabili finanziariamente. Ed è proprio CONSOB, nell'ultimo rapporto sulla scelta di investimento delle famiglie italiane, a confermare che il binomio cultura finanziaria-donne è ben lontano dall'essere risolto.

Dalle indagini della CONSOB emerge anche un tema culturale: le donne si ritengono in grado di gestire il budget familiare, ma su questioni come gli investimenti sono più a disagio degli uomini. Nella quotidianità, infatti, la maggior parte delle donne prende decisioni solo su questioni come le spese generali e di piccola entità o l'amministrazione del budget familiare. Invece, quando si tratta di intervenire sull'acquisto di una casa o su un investimento che impegna le risorse della famiglia per un maggiore periodo di tempo, spesso le donne non sono interpellate o si tirano indietro, in quanto consapevoli di non saperne abbastanza. Più caute, spesso spaventate e convinte di non essere all'altezza.

Ma quali sono i fattori che ostacolano o favoriscono un coinvolgimento attivo e consapevole delle donne nella gestione finanziaria del proprio patrimonio?

Lo evidenzia in maniera chiara la ricerca *Donne e denaro: una sfida per l'inclusione* promossa da Banca Widiba, in collaborazione con l'unità di ricerca in Psicologia economica dell'Università Cattolica del Sacro Cuore. Avversione al rischio e alle perdite, tendenza a sottostimare le proprie conoscenze finanziarie non bastano a far scattare un desiderio di colmare questo gap perché, seppur considerata una leva di indipendenza importante, la cultura finanziaria è ritenuta ancora un obiettivo lontano per gli argomenti considerati molto complessi.

Scarsa occupazione, basso reddito e *gender pay gap*, nonostante le professionalità e la preparazione acquisite, sono i fattori principali. Ma non solo. Anche l'aspetto culturale rappresenta un significativo ostacolo a una reale parità tra uomo e donna in questo ambito, a cominciare dall'idea che il denaro sia esclusivamente uno strumento per affrontare emergenze, spesso connesse alla cura dei figli o della casa, e non un elemento utile a soddisfare i propri desideri e obiettivi personali.

Dallo studio emergono anche altri due elementi su cui riflettere e intervenire: la difficoltà del linguaggio utilizzato in campo finanziario e la mancanza di tempo delle donne da poter dedicare a queste materie. Resta il fatto che il denaro è associato al prestigio sociale, al potere e al successo, mentre per molte donne è uno strumento utile principalmente per realizzare progetti di vita e raggiungere obiettivi affettivo-relazionali.

Un ruolo-chiave per colmare questo gap può essere svolto dal settore finanziario in collaborazione con le istituzioni per supportare le donne in un processo di acquisizione di competenze ma anche di consapevolezza. Non è un caso che Banca d'Italia, tra i suoi programmi educativi, abbia progettato e implementato un piano formativo rivolto alle donne dal titolo "Le donne contano. Un progetto di educazione finanziaria pensato per le donne". Un percorso articolato in cinque tappe: la pianificazione finanziaria; gli strumenti di pagamento elettronici; conto corrente, home banking e sicurezza informatica; indebitarsi con prudenza; l'ABC degli investimenti.

Il percorso, che si avvale di video, test, strumenti di approfondimento, fornisce anche elementi sulle cosiddette trappole comportamentali, ossia bias cognitivi, pregiudizi e convinzioni che possono determinare errori di valutazione nei processi decisionali.

Maggiori opportunità di apprendimento, un accesso alle informazioni più facile sono fondamentali, anche per le generazioni più giovani. Utili i risultati del test PISA – l'indagine internazionale triennale promossa sempre dall' OCSE per accertare le competenze dei quindicenni scolarizzati.

In PISA 2022, la *literacy finanziaria* è definita come la conoscenza e la comprensione dei concetti e dei rischi finanziari, nonché le competenze e gli atteggiamenti necessari per applicare tali conoscenze al fine di prendere decisioni efficaci in una serie di contesti finanziari, per migliorare il benessere finanziario degli individui e della società e per consentire la partecipazione alla vita economica.

In PISA 2022 FL, l'Italia ottiene un punteggio di 484 punti e si colloca al di sotto della media OCSE (498). Gli studenti che raggiungono il livello più elevato della scala di literacy finanziaria, il Livello 5, applicano la loro comprensione di un'ampia gamma di termini e concetti finanziari a contesti che potrebbero diventare rilevanti per la loro vita solo in seguito. In linea con la media OCSE, il 18% dei nostri studenti non raggiunge il livello minimo di competenza. In Italia, i ragazzi superano le ragazze in *financial literacy* di 20 punti; tale divario si riscontra a partire dagli studenti mediamente bravi e aumenta tra quelli più bravi. A livello medio OCSE, la differenza a favore dei ragazzi è di 5 punti.

Meno conoscenza significa meno autonomia, e abbiamo il dovere di interrompere il circolo vizioso che da generazioni mina profondamente l'indipendenza economica femminile.

MIA E DI NESSUN ALTRO

Faccio fatica ad affrontare questo ultimo capitolo. Ho pensato tanto se trattare il tema, per paura di risultare banale e scontata. Cosa aggiungere alla cronaca, al dibattito, alla narrativa?

Intanto provo a farmi aiutare dai numeri, dai risultati delle ricerche più autorevoli, così come ho scelto di fare in altri capitoli. In questo caso i numeri potranno forse attenuare la componente emotiva che mi lega a questo tema, soprattutto quella che mi assale nei momenti e nei giorni successivi a quei fatti di cronaca che periodicamente ci travolgono, quelli sui quali si fa fatica anche solo a riflettere, e che riusciamo soltanto a definire inaccettabili, che vorremmo non si ripetessero mai più, che scatenano tutti i profili più brutali della nostra indignazione, del nostro dolore, delle nostre paure.

Ma nello studio dell'ufficio delle Nazioni Unite per il controllo della droga e la prevenzione del crimine, c'è prima ancora delle cifre una frase che mi ha colpito, e cioè che le vittime maschili di omicidi sono fuori dalla sfera privata, mentre le donne sono vittime di omicidio nella sfera privata. A casa. Ossia nell'ambiente dove dovrebbero essere più protette.

Un'informazione secca, chiara. Ho pensato ai significati che questo dato contiene, ma soprattutto ho pensato alla paura, alla rappresentazione della paura della violenza, che in genere noi donne ricostruiamo nella mente pensando alla scena buia di una strada solitaria e notturna. E invece quella frase stava raccontando tutt'altro, mi segnalava che il pericolo esiste in realtà proprio nel luogo in cui credo di essere protetta, il luogo in cui più mi sento al sicuro. La mia casa, la mia famiglia.

Riflettere, provare a darsi un'opinione, tentare di star fuori dalla palude dell'emotività, mi accorgo che è difficile, a volte quasi impossibile. So bene che la rabbia generata dalle notizie riportate dalla cronaca nera, unite a quel dato così freddo e inquietante, spingono verso l'idea che la famiglia, gli affetti, siano spesso la grande minaccia. Il problema è che la cronaca è spaventosa, ci travolge, ma chiaramente rappresenta la deriva estrema e sanguinosa di una questione che ha risvolti molto più articolati. È terribile apprendere che donne muoiono ammazzate proprio perché donne, ed è terribile il numero di casi che ogni anno siamo costretti a registrare. Nel 2024, il ministero dell'Interno del nostro paese riferisce di 113 casi di omicidio di cui le donne sono state vittime. Ma si tratta di un numero ancora generico, ci dice soltanto quante donne siano state uccise, e non quante siano state uccise poiché coinvolte in una relazione affettiva con l'esecutore e per moventi come la gelosia, il possesso e il senso di dominio. Restringiamo allora i dati, e scopriamo che di queste 61 sono state uccise da partner o ex-partner e 38 in ambito familiare o affettivo.

L'andamento di questi crimini è più o meno stabile negli ultimi anni, ma non mi sembra un dato di cui essere contenti. Parliamo di femminicidi, di omicidi volontari che partono da un pensiero personale e collettivo totalmente perverso. Se le donne ammazzate fossero pure il 5% o il 10% in meno rispetto all'anno precedente, dovremmo festeggiare? E soprattutto, stiamo davvero gettando le basi per eliminare il presupposto della sopraffazione maschile, quella che talvolta si appropria del diritto di diventare violenta e seminare morte?

Il dibattito che viene fuori - quello emotivo, quello sommario, e pure quello professionale degli esperti - conduce molti a individuare due presupposti ideali che fanno da sfondo a questo scenario orribile: il cosiddetto maschilismo tossico e i residui irremovibili di patriarcato che la nostra cultura conserva. Di solito, proprio all'indomani di fatti di cronaca raccapriccianti, quando lo sdegno, in particolare della gran parte del mondo femminile, si fa rabbioso e impaurito, si arriva fino al punto in cui prende corpo l'idea che ogni uomo sia colpevole. Tutti, nessuno escluso. Una tesi che anche molti uomini sostengono, addossandosi una responsabilità che si muove tra l'appartenenza collettiva e la propria identità individuale: in quanto maschio, mi sento colpevole.

Non serve a molto, nel senso che non si tratta di una confessione autentica e dunque non ci fornisce il vero colpevole da punire. Ma ha tutta l'aria della strada nuova che sembriamo pronti a percorrere: se prendo coscienza della mia condizione e della responsabilità culturale mia e del gruppo cui appartengo, potrò riflettere su ognuno dei rischi quotidiani del maschilismo tossico e accrescerò la probabilità di evitarli.

Creare nuovi spazi di consapevolezza è sicuramente uno dei percorsi che può aiutarci a rinnovare lo spirito del mondo. Un po' di senso di colpa agli uomini non farà poi così male, piuttosto temo che finiranno ogni volta col sentirsi colpevoli proprio coloro che questa quota di consapevolezza ce l'hanno già, mentre continueranno a sentirsi innocenti tutti coloro che probabilmente certe forme di patriarcato le hanno interiorizzate come valori ben saldi, valori che si rifiutano di riconoscere pubblicamente ma dei quali non sono affatto disposti a liberarsi.

Il *Gender-related killings of women and girls* è un'inchiesta che abbraccia paesi di tutto il mondo e che è diretta dall'ufficio delle Nazioni Unite per il controllo della droga e la prevenzione del crimine. Ci fornisce stime globali sugli omicidi di donne e ragazze legati al genere nella sfera privata relative all'anno 2021. Nella prefazione del rapporto si legge che, nell'anno in esame, nel mondo 45.000 donne e ragazze sono state uccise da partner o da altri membri della famiglia. Vale a dire che più di cinque donne o ragazze vengono uccise ogni ora da qualcuno della loro stessa famiglia. E questi numeri sono quelli ufficiali, quindi potrebbero essere molto più alti.

All'interno del dibattito di cui parlavo, esiste anche una componente numericamente significativa, e potrei definirla negazionista, che sostiene che anche gli uomini vengono ammazzati e che la differenza è soltanto nel risalto che oggi i media concedono in misura largamente maggiore ai casi di femminicidio. Vediamo cosa ci dicono i risultati del nostro rapporto. Una maggioranza schiacciante degli omicidi che vengono ogni anno commessi nel mondo ha come vittime uomini e ragazzi, sono addirittura l'81% del totale. Per comprendere la differenza autentica, basta forse aggiungere che solo l'11% di tutti gli omicidi in cui sono dei maschi a perdere la vita si consumano nella sfera privata.

In un'epoca in cui è forte la percezione del fenomeno immigratorio, il mondo occidentale, e non solo, continua a interrogarsi sulla capacità di conservazione delle proprie radici e dei propri valori. Diversi governi europei, soprattutto quelli che rivendicano il proprio orientamento conservatore, fissano spesso uno dei propri principi più forti sull'idea di cosiddetta famiglia tradizionale. Quella famiglia che, come abbiamo visto, sa essere contemporaneamente il luogo più rassicurante di protezione, e purtroppo in certi casi estremi anche una minaccia oscura al benessere e all'incolumità dei suoi membri, soprattutto se donne. Poiché è chiaro a tutti che le 45.000 donne uccise secondo il calcolo del rapporto delle Nazioni Unite sono soltanto la parte visibile del dramma. Se solo nel 2021 sono

45.000 le donne che hanno perso la vita a causa di partner gelosi e possessivi, sono certamente milioni quelle che restano vive morendo tuttavia giorno dopo giorno, torturate dalle stesse sopraffazioni, costrette a condurre un'esistenza che per molte è peggiore dell'inferno.

Mi accorgo, del resto, che in questo capitolo affronto in modo più diretto le questioni legate alla violenza, in particolare alla violenza fisica che le donne sono costrette a subire. Ma c'è violenza anche nell'impedire a una ragazza di iscriversi a una facoltà scientifica, fatti di cui parliamo altrove, c'è violenza anche quando scopriamo che una donna chirurgo ha bassissime probabilità rispetto ai colleghi maschi di diventare capo di un dipartimento, c'è violenza nei numeri che raccontano le ospedalizzazioni sistematicamente sbagliate che toccano alle donne, poiché anche le cure per molte malattie contengono un inquietante risvolto maschile, c'è violenza nelle pressioni quotidiane che gravano sulle donne madri, penalizzate nei loro percorsi professionali, e sulle donne che rinunciano alla maternità, creature inespresse che negano la propria vocazione biologica.

Tra i valori che per primi attribuiamo alla famiglia tradizionale c'è intanto l'obbligo almeno morale della relazione che abbia durata eterna, durata che nessuno ha il potere di interrompere. Certo, è più suggestivo e romantico immaginare che un amore sia per sempre, ed è proprio questo a convincere tanti che anche un rapporto non possa che essere per sempre. Anzi, debba esserlo.

È un principio che, se da una parte asseconda l'idea attraente dell'amore eterno, dall'altra ha buone probabilità di istituire un ostinato senso del possesso. Sei mia, e dovrai esserlo per sempre.

In qualunque caso, a dispetto di qualsiasi desiderio che dovesse giungere successivamente, a dispetto di qualsiasi sentimento che dovesse estinguersi, a dispetto di qualsiasi diritto riservato alla libertà di scelta di ogni individuo. Se non sarai più mia, non sarai di nessun altro.

Si tratta di una distorsione dell'idea di legame sentimentale che cancella il diritto di appartenere ad altri, perché il legame precedente è il solo che abbia legittimità morale e formale, tutto il resto è abuso, è abominio, e come tale può meritare punizioni estreme.

Accanto al presunto amore infinito ed eterno, un altro dei temi bollenti è legato al dovere della fedeltà, ulteriore pilastro su cui si vorrebbe fondare la relazione di tipo tradizionale, la più poetica e anche la più pericolosa. Fino a quando ragioneremo convalidando l'idea che una relazione sia una specie di prigione morale, e non il frutto della volontà di ciascuno, favoriremo la probabilità che una mente criminale possa giungere fino all'istante in cui, sentendosi accecato dal dolore dell'abbandono, pensi di potersi proclamare giustiziere.

Sentiamo dire piuttosto spesso che questa forma di violenza, al di là delle responsabilità penali individuali, prenda slancio soprattutto dal marcio culturale che continua a occupare lo spirito del nostro tempo. E così una buona parte delle responsabilità cadono inevitabilmente sulle famiglie e sulle istituzioni formative come la scuola. Cosa insegniamo ai nostri ragazzi? E cosa dobbiamo sforzarci di insegnare da oggi in avanti perché quelle 45.000 vittime non ci siano più? Se davvero una famiglia deve imparare a educare diversamente i figli che mette al mondo, dovremmo allora provvedere a capire l'orientamento di questa formazione. L'ipotesi è che scuola e famiglie non abbiano fin qui fatto un lavoro adeguato, mi chiedo allora perché mai dovrebbero riuscirci da oggi in avanti. Dovremo quindi formare le famiglie. Certo, e chi se ne occuperà? A chi assegneremo il compito di indirizzare il nuovo spirito di redenzione dell'umanità?

Questa soluzione solo apparente in realtà ci spinge in un loop senza fine. D'altro canto, a proposito della gran parte dei provvedimenti normativi chiamati a regolare materie legate all'educazione dei ragazzi, abbiamo già ampiamente visto che le divaricazioni tra sensibilità diverse del paese, e dunque tra partiti e movimenti che rappresentano idee e modelli distanti di società e di famiglia, si scontrano con tale veemenza da paralizzare ogni possibile forma di progresso. Oggi si parla dell'esigenza di varare nelle scuole l'ora di educazione sentimentale, soprattutto perché chiamarla educazione sessuale, come alcuni propongono, allargherebbe le distanze, rischiando ancora una volta che tutto naufraghi. Ma il disaccordo resta sovrano: da quale ciclo partire, scuola primaria o scuola secondaria? E se andiamo ai temi da affrontare, se già si intende inserire il rispetto dei generi e non dei sessi, rinunciando così al tradizionale uomo e donna, la frattura politica può immediatamente diventare insanabile.

Nel luglio 2019 diventa legge in Italia un provvedimento chiamato Codice rosso, una norma che interviene sul codice di procedura penale a proposito di alcuni reati che si estendono dalla violenza sessuale allo stalking, allungando tra l'altro i tempi entro cui la vittima ha la possibilità di presentare denuncia. Il Codice rosso introduce anche nuove fattispecie di reato, vieta tra l'altro ciò che verrà definito *revenge porn*, cioè la diffusione illecita di immagini o di video sessualmente espliciti quando non ci sia il consenso di ogni persona coinvolta, la deformazione permanente dell'aspetto della vittima provocata con lesioni volontari e, l'obbligo di far contrarre matrimonio.

È da un decennio circa che il Parlamento italiano istituisce con regolarità commissioni d'inchiesta a cui si affida l'incarico di indagare sul tema delle violenze di genere. Una commissione d'inchiesta che si occupasse più specificamente dei femminicidi è apparsa per la prima volta nel 2013, ed è stata poi riproposta nella legislatura successiva, quella partita nel 2018. Si trattava tuttavia di commissioni monocamerali, presenti esclusivamente in Senato.

Nel 2023 si è insediata la prima commissione d'inchiesta sui femminicidi costituita da membri di entrambe le Camere, che però fin dall'inizio ha avuto una gestazione lenta e complicata. Va detto che dal 2015 il dipartimento per le Pari opportunità della presidenza del Consiglio ha fissato i cosiddetti Piani antiviolenza, ulteriori progetti strategici che intendono contrastare la violenza contro le donne. Sono pensati secondo lo schema che fu già sottoscritto nella famosa Convenzione di Istanbul. Firmato nell'aprile del 2011 dal Comitato dei Ministri del Consiglio d'Europa, il documento ha l'obiettivo di prevenire ogni forma di violenza, proteggere le vittime e impedire che i responsabili restino impuniti. Nel giro di un anno a quel protocollo che sembrava spingere il mondo un passo più avanti giunge l'adesione di ben 45 paesi, nel testo si legge che è *il primo strumento internazionale giuridicamente vincolante che crea un quadro giuridico completo per proteggere le donne contro qualsiasi forma di violenza.* La Convenzione di Istanbul è soprattutto il primo trattato che parla di genere, definendolo come: *Ruoli, comportamenti, attività e attributi socialmente costruiti che una determinata società considera appropriati per donne e uomini.* E sarà proprio questo punto a fornire alla stessa Turchia il pretesto per uscire dal trattato nove anni dopo essere stato il primo paese ad averlo ratificato. Il motivo è lo stesso che ha spinto anche i governi conservatori di Polonia e Ungheria a ritirare il proprio appoggio alla Convenzione, i suoi presunti principi ideologici, una visione socioculturale del sesso che si oppone al sesso biologico. Insomma, nell'universo ultraconservatore non è accettabile che siano definiti chiaramente sia il genere sia la violenza contro le donne basata sul genere. Anche in Europa, un'idea di patriarcato sopravvive, e soprattutto in alcuni paesi gode anche di ottima salute.

Recentemente, come da programma annunciato dalla von der Leyen, anche l'Unione Europea ha ratificato la Convenzione di Istanbul, e introdotto una nuova direttiva (UE) 1385/2024 in materia di violenza contro le donne, aggiungendosi così ai suoi Stati membri che avevano già compiuto questo passo. Non si tratta di una questione puramente simbolica, la ratifica dell'Unione Europea trasforma a questo punto la Convenzione in un vincolo per tutti, un atto che ciascuno Stato dell'Unione dovrà inserire nel proprio sistema normativo.

CONCLUSIONI

UN'UNICA FATICA, TANTE FATICHE

Scrivere è per me un processo di elaborazione dei pensieri e delle emozioni, e della combinazione tra questi. L'ho realizzato durante questo percorso, che pensavo avrei basato saldamente sulla mia lunga esperienza di scrittura di business. E invece...

È stato tutto un altro viaggio. Un viaggio personale, anche quando non sembra tale, che ha richiesto di eliminare sovrastrutture, linguaggi non miei, limiti autoimposti, consuetudini. E che ha richiesto di recuperare memorie ed esperienze, di connetterle e di riappropriarmi di significati che un po' spiegano perché sono arrivata dove sono arrivata. Anche per differenza, modifiche di percorso, ma soprattutto per la voglia di esplorare.

Questo libro è dedicato a Eva, a tutte le Eva del mondo. E alle loro fatiche, che sono frutto delle diverse forme di violenza che ancora persistono nella nostra cultura, nella nostra società, nella nostra economia.

Fatiche che attraversano tutta l'esistenza, dai primi

passi fino agli ultimi gesti. Fatica di poter scegliere, fatica di lavorare, di studiare, di essere o non essere madre, di essere indipendente... Fino alla fatica fondante, quella di essere semplicemente una donna.

Questo libro è dedicato a zia Eva, la mia zia preferita, morta tanti anni fa. L'ho per così dire archiviata a lungo in un angolino della mia memoria ma è ritornata a me proprio grazie a questa scrittura. Una donna buona e generosa, vittima di violenza economica, controllata e dominata da un marito arido, piccolo, meschino.

Averla riportata alla mia memoria e al mio cuore è uno dei regali di questo lavoro di elaborazione e di scrittura che ha richiesto di fare spazio, ma anche di fare ordine, nei pensieri, nelle emozioni e nelle idee.

Sono grata a tutte le persone interessanti che ho incontrato lungo la strada, persone che hanno contribuito direttamente o indirettamente a questa storia collettiva. È dal confronto con loro, dalle suggestioni, dalle condivisioni che ho potuto rendermi conto dello spazio che ho scelto di occupare. Quello delle Domande e dei Dubbi. Per aprire nuove finestre di Possibilità.

GRAFICA VENETA
GV CARBON NEUTRAL

Questo libro è fabbricato da Grafica Veneta S.p.A.
con un processo di stampa e rilegatura certificato 100% carbon neutral
in accordo con PAS 2060 BSI.

Questo volume è stato stampato nell'aprile 2025
presso Grafica Veneta S.p.A. - Trebaseleghe (PD)